AF204045

Tucholsky Wagner Zola Scott Sydow Freud Schlegel
Turgenev Wallace Fonatne Twain Walther von der Vogelweide Fouqué Friedrich II. von Preußen
Weber Freiligrath Frey
Fechner Weiße Rose von Fallersleben Kant Ernst Frommel
Fichte Richthofen
Engels Fielding Hölderlin Dumas
Fehrs Faber Eichendorff Tacitus
Flaubert Eliasberg Ebner Eschenbach
Feuerbach Maximilian I. von Habsburg Fock Zweig
Ewald Eliot Vergil
Goethe Elisabeth von Österreich London
Mendelssohn Balzac Shakespeare Dostojewski Ganghofer
Trackl Lichtenberg Rathenau Doyle Gjellerup
Mommsen Stevenson Tolstoi Hambruch
Thoma Lenz Droste-Hülshoff
Dach Verne von Arnim Hägele Hauff Humboldt
Reuter Rousseau Hagen Hauptmann Gautier
Karrillon Garschin Defoe Baudelaire
Damaschke Descartes Hebbel
Hegel Kussmaul Herder
Wolfram von Eschenbach Darwin Dickens Schopenhauer Rilke George
Bronner Melville Grimm Jerome Bebel
Campe Horváth Aristoteles Proust
Bismarck Vigny Voltaire Federer Herodot
Gengenbach Barlach Heine
Storm Casanova Tersteegen Grillparzer Georgy
Chamberlain Lessing Langbein Gilm
Brentano Gryphius
Strachwitz Claudius Schiller Lafontaine Iffland Sokrates
Katharina II. von Rußland Bellamy Schilling Kralik
Gerstäcker Raabe Gibbon Tschechow
Löns Hesse Hoffmann Gogol Wilde Vulpius
Luther Heym Hofmannsthal Gleim
Roth Klee Hölty Morgenstern Goedicke
Luxemburg Heyse Klopstock Kleist
Puschkin Homer Mörike
La Roche Horaz Musil
Machiavelli Kierkegaard Kraft Kraus
Navarra Aurel Musset Lamprecht Kind Kirchhoff Hugo Moltke
Nestroy Marie de France Laotse Ipsen Liebknecht
Nietzsche Nansen Ringelnatz
Marx Lassalle Gorki Klett Leibniz
von Ossietzky May Irving
vom Stein Lawrence
Petalozzi Knigge
Platon Pückler Michelangelo Kafka
Sachs Poe Kock
de Sade Praetorius Liebermann Korolenko
Mistral Zetkin

Der Verlag tradition aus Hamburg veröffentlicht in der Reihe **TREDITION CLASSICS** Werke aus mehr als zwei Jahrtausenden. Diese waren zu einem Großteil vergriffen oder nur noch antiquarisch erhältlich.

Symbolfigur für **TREDITION CLASSICS** ist Johannes Gutenberg (1400 — 1468), der Erfinder des Buchdrucks mit Metalllettern und der Druckerpresse.

Mit der Buchreihe **TREDITION CLASSICS** verfolgt tradition das Ziel, tausende Klassiker der Weltliteratur verschiedener Sprachen wieder als gedruckte Bücher aufzulegen – und das weltweit!

Die Buchreihe dient zur Bewahrung der Literatur und Förderung der Kultur. Sie trägt so dazu bei, dass viele tausend Werke nicht in Vergessenheit geraten.

1813 - Briefe

August Graf Neidhardt von Gneisenau

Impressum

Autor: August Graf Neidhardt von Gneisenau
Umschlagkonzept: toepferschumann, Berlin

Verlag: tredition GmbH, Hamburg
ISBN: 978-3-8424-8995-0
Printed in Germany

Text der Originalausgabe

1. An Ernst Moritz Arndt

Ich habe Ihnen, mein edler Freund, einen langen Brief schreiben wollen, aber da reist morgen ein Admiral schnell nach Petersburg ab, und mein Brief muß in einer Stunde bei dem Grafen Münster sein. Ich sende Ihnen daher meine Glückwünsche zu über die freudige Wendung, welche die Begebenheiten genommen haben. Charakterstärke hat obgesiegt über die Berechnungen der Arglist. Welch eine Morgenröte geht uns auf! Wenn nur die Mächtigen sie nicht verschlafen, statt sich an ihrem Hauch zu stärken. Hier hätte man große Lust dazu. Nicht der Regent, der von Natur unternehmend, von Konstitutions wegen aber schwach ist; wohl aber dessen Minister.

Eingeschlossener Brief an Chasot sei Ihrer Fürsorge anvertraut. Öffnen Sie ihn vorher, und lassen ihn dann unsere Freunde, Boyen usw. usw. lesen, und senden ihn dann weiter an den vortrefflichen Grafen. Gott sei mit Ihnen.

Ihr treuergebener N. v. Gneisenau.

2. An Hardenberg

London, den 6. Januar 1813.

Lord Castlereagh hat mich infolge des mir von Ihnen gegebenen Auftrags wissen lassen und eine etwa halbstündige Unterredung mit mir gehabt, worin er von der Notwendigkeit sprach, daß Preußen sich die jetzige Vernichtung der französischen Macht zunutze machen müsse, um sich von seiner Abhängigkeit loszumachen. Ein solcher günstiger Zeitpunkt komme nie wieder; Preußen solle den anderen Mächten ein rühmliches Beispiel geben, daß solche gleichfalls zu edlen Entschlüssen hinreißen werde. Ich beschränke mich hier darauf, das zu berichten, was der Gegenstand seiner Mitteilung war. Als ich vor wenigen Tagen bei dem Prinzregenten in vertrauter Gesellschaft speiste, äußerte er, daß er es als eine Feigherzigkeit ansehen würde, jemals dem Besitz von Hannover zu entsagen. Sie finden hierin einen abermaligen Beweis, wie sehr [dem] Prinzen an diesem Besitz liegt, und wie sehr er sich in der Idee gefalle, solchen wieder erworben und vergrößert zu sehen; darum geht er auch mit Wärme in all dergleichen Pläne ein. Fängt man die Sache recht an, so ist allerdings die Möglichkeit vorhanden, Frankreich einen Teil seiner Eroberungen am deutschen Meere hin und den Rhein hinauf zu entreißen und daraus einen neuen Staat zu bilden. Wie ich Ihnen bereits gemeldet habe, so habe ich auf diesen Plan für Sie gearbeitet, weil solcher teils ein mächtiges Motiv abgibt, um die tätige Mitwirkung Englands für unsere Kontinentalangelegenheiten zu sichern, teils weil ein solcher Staat, von England geschützt, selbst für Preußen eine Schutzwehr sein und ewig verhindern würde, daß Frankreich uns angreifen könnte. Solange, als Sie mir nicht untersagen, für diesen Plan zu würken, muß ich Ihr Stillschweigen darüber als eine Genehmigung desselben an Seiten des Königs ansehen und demnach fortfahren, auf diesen Zweck hinzuarbeiten. Die Legion in Rußland fängt an, sich stark zu vermehren. Herr v. Stein verlangt meine Anwesenheit in Rußland, um solche einstweilen zu befehligen, denn den Oberbefehl darüber wird bei derselben vielleicht Graf Wallmoden erhalten; da aber die Annahme derselben von seiten der englischen Regierung, so kann ich mich nicht entschließen, dorthin zu gehen; erfolgt aber die Annahme derselben in den Dienst des Regenten, so werde ich bei derselben sogleich eintreten, um mich [mit] solchen dahin zu verfügen, wo der Lauf des Krieges oder die Entwürfe der Kabinette es fordern. Auch hierüber sehe ich Ihr Stillschweigen als eine Genehmigung meines Vorsatzes an, besonders, da ich solchen schon früher zweimal angezeigt habe. Auch »ist es für den Dienst des Königs nützlicher, wenn ich für ihn unter den Fahnen einer Macht kämpfe, die keinerlei Interesse an der Zerstörung Preußens hat, sondern im Gegenteil an seiner Erhaltung interessiert ist. Es ist die zugestandene Absicht des englischen Ministeriums, daß Preußen mit Österreich zusammen die Führung in Deutschland übernehmen möge und daß seine frühere Macht wiederhergestellt werde; sogar der Prinzregent, seinen Groll über Hannover vergessend, ist derselben politischen Ansicht, wie er uns schon durch die Übersendung von Kriegsmaterialien im vergangenen Jahr bewiesen hat. Von solchen Gefühlen haben wir also nichts zu fürchten, und ich handle deshalb in vollem Vertrauen darauf, überzeugt, daß ich ebenso für unseres Königs Sache unter des Prinzregenten Fahnen wie unter den preußischen fechte. Sobald es der König für gelegen hält, den Krieg gegen Frankreich zu erklären, behalte ich mir vor, wieder in seine Dienste zu treten«, welche ich eigentlich nie verlasse, sondern nur scheinbar vertausche, um ihm besser zu dienen. Nach offiziellen russischen Berichten war es fast unmöglich, daß Bonaparte der Gefangenschaft oder dem Tode entgehen könnte, dieses ist indes doch geschehen. Man behauptet nun, Thitgavorff trage hievon die Schuld, indem er nicht zu rechter Zeit eingetroffen sei. Nun er entwischt ist, so wird er, sofern man ihm Zeit läßt, Kräfte genug entwickeln, um noch immer furchtbar zu sein. Nur ein rascher Entschluß könnte seine Verlegenheiten jetzt mehren. Die allgemeine Stimme in England und Rußland erwartet ihn von Preußen, und die öffentliche Meinung, die sehr gegen Preußen ist, würde dadurch wieder gewonnen werden, ein längeres Zögern aber die Abneigung gegen dasselbe noch steigern, und aus dieser Steigerung möchten üble Folgen entstehen. In Schweden werden noch immer Rüstungen zur bevorstehenden Landung betrieben. Von hier wird der General Hope als militärischer Gesandter dort hingeschickt, um die Operationspläne zu verabreden. Graf Münster will, daß ich auch mit dahin gehe, um zugleich die Geschichte der Legion ordnen zu helfen. Ich hoffe, daß man die norddeutsche Küste zur Landung aussehen wird. England wird hierbei nur als Hülfsmacht, nicht, wie ich geraten habe, als Hauptmacht auftreten und sich mit der Legion und einigen wenigen Truppen an Schweden anlehnen. Mit Österreich gehn die Kommunikationen durch den Grafen v. Hardenberg und Mr. King in Wien ihren Gang. An Aufmunterungen läßt man es von hier aus nicht fehlen. Hier sind Maßregeln gegen die preußische Flagge genommen worden, die durch die starke Schiffahrt, die Frankreich unter dieser Flagge trieb und wodurch Bonaparte so viel Einkünfte gewonnen, veranlaßt wurden. Die öffentliche Stimme hier ist für die Aufhebung des lizenzierten Handels mit Frankreich und dessen unterworfenen Staaten, Gott erhalte Sie.

3. An die Gattin

Nachdem ich im Oktober Deinen Brief vom 4. August erhalten hatte, kam mir endlich, nach langem Harren, vor wenigen Tagen der vom 29. September zu. Er enthielt die Nachricht von dem vorübergehenden Übelbefinden der Kinder. Daß dieses nicht von Bedeutung war und daß Du nun die gewisse Hoffnung hattest, eine Erzieherin in das Haus zu bekommen, waren mir zwei erfreuliche Nachrichten. Das letztere ist ein Wunsch, den ich seit fünf Jahren genährt und geäußert habe. Daß Du ihn endlich erfüllt hast, dafür weiß ich Dir hohen Dank. Wenn sie gute Grundsätze, Anstand und Feinheit im Ausdruck besitzt, dann suche ja, sie bei Dir zu erhalten, denn eine solche Person wirkt dann mehr durch Beispiel noch als Lehre – – –

An Frau von Cl[ausewitz] habe ich neulich auf einem andern Wege Nachrichten über ihren Mann gelangen lassen. Lasse ihr zum Überfluß noch wissen, daß er ihren Brief, worin sie ihm ihren in Böhmen genommenen Aufenthalt meldet, erhalten hat. Er hat mir davon Nachricht gegeben. Übrigens sehnen sich alle Deutsche im russischen Dienst aus ihrer dortigen Lage heraus.

Auch ich sehne mich aus meiner zeitherigen Ungewißheit. Ich führe in der Mitte des höchsten Getümmels ein einsiedlerisches Leben, nicht aus Notwendigkeit, aber aus Hang, mich in mich selbst zurückzuziehen. Nur selten komme ich in Gesellschaft und dann nur da, wo ich gehorchen muß. Wer sich nicht hier in den Wirbel der Zerstreuungen wirft, für den ist der aschgraue Winter dieses Landes eine erdrückende Zeit. Da sehne ich mich dann im höchsten Trübsinn nach meinen Kindern zurück. Wann wird sie endlich kommen, diese Zeit, auf die ich unablässig meinen Blick richte und die ich nimmer erreichen kann!

4. An Graf Münster

Kolberg, in der Nacht vom 25. bis 26. Febr. 1813.

Ew. Exzellenz benachrichtige ich, daß ich vor wenigen Stunden glücklich hier angekommen bin. Ich bin mit allgemeinen Freudenbezeugungen hier aufgenommen worden. Man hat die Stadt illuminiert, die Bürgerschaft ist mit Musik vor meiner Wohnung aufgezogen und hat mir ein Vivat gebracht. Ew. Exzellenz sehen hieraus, daß ich nicht erst auf den Geist zu wirken brauche, sondern daß er an sich schon vortrefflich ist. Der General Borstell hier hat sich ebenfalls der guten Sache gewidmet. Zwei Tage vorher hat er bereits einen Abgeordneten an mich nach London gesandt, um Waffen und Geld zu verlangen. Dieser Abgeordnete hat Befehl, in meiner Abwesenheit sich direkt an Ew. Exzellenz zu wenden. Ich habe den Kapitän Actam, den Befehlshaber der Schiffe zu Carlskrona, gebeten, die Bewaffnungs- und Ausrüstungsgegenstände, sobald sie in Schweden anlangen, hierher an den General Borstell zu senden und darüber mit letzterem zu kommunizieren, im Fall ich nicht mehr hier sei, denn ich denke, in wenigen Tagen von hier weiterzugehen. Ich bitte auch Ew. Exzellenz, dafür gütigst zu sorgen, daß alle Ausstattungsgegenstände hierher so schnell als möglich gesendet werden. Bei diesen Gegenständen ist es wichtig, die für einige Regimenter Kavallerie nicht zu vergessen.

Der Geist des Volkes ist vortrefflich. Studenten, Referendare, die Söhne der reichsten Familien sind sogleich auf den ersten Ruf der Regierung als gemeine Soldaten unter die Jäger eingetreten. Die Regierung hat alles aufgefordert, was in den Jahren zwischen 17 und 25 ist, unter die Waffen zu treten – und sich doch noch nicht gegen Frankreich erklärt. Alle Anstalten sind auf eine große Anstrengung gerichtet und noch kennt die Nation davon keinen anderen Zweck, als den man sich in die Ohren sagt. H.v.H[ardenberg] hat bereits vor 14 Tagen dem hiesigen Kaufmann Schroeder gesagt, die Partei des Königs sei bereits genommen, nur noch nicht öffentlich kundgemacht, und in diesem Augenblicke ist noch Herr vom Knesebeck im Russischen Hauptquartier zu Kolo an der Warthe, in Polen, wo der Kaiser selbst sein soll, um über die Neutralität Schlesiens zu unterhandeln!

In Berlin allein haben sich, wie man mir hier erzählt, 11 000 Mann junger Leute eingestellt, um dem Ruf der Regierung zu folgen. Selbige haben sich größtenteils nach Schlesien begeben. 200 Kosaken sind in das nördliche Quartier der Stadt am Landsberger Tore gedrungen. Die Franzosen haben sich darauf beschränkt, die Spree zu verteidigen. Der Marschall Augereau befehligt dort. Den 26. dieses (morgen) kommen 4 russische Korps in Niederschlesien und der Neumark, etwa 12-15 Meilen von Berlin an. Hier stehn 17 000 regelmäßige Truppen, 12 Meilen von hier etwa 14 andere Bataillone, Yorck mit 25 000 Mann etwas weiter zurück. Alles ist in Bewegung vorwärts, und ich hoffe, daß die hiesigen Truppen dies ebenfalls tun werden.

Nehmen Ew. Exzellenz die Versicherung meiner Verehrung gütigst auf. Sowie ich mich von meiner Seekrankheit etwas erholt und ich mehr vernommen, werde ich Ew. Exzellenz weitläuftiger schreiben. Jetzt drängt mich das absegelnde Schiff.

5. An Hardenberg

Kolberg, den 26. Februar 1813.

Glücklich bin ich gestern hier angekommen und erwarte nun die Befehle Seiner Majestät, wohin ich mich zu verfügen habe. Wenn die Russen Berlin nehmen, gedenke ich dorthin zu gehen, und ich bitte dann die Befehle an mich dorthin zu richten; bleiben aber die Franzosen noch länger in Berlin, so will ich hier die Befehle des Königs erwarten. Es folgen mir englische Schiffe mit Waffen, Geschütz, Munition, Kleidung und Ausrüstung für 20 000 Mann. Die britische Regierung habe ich sehr wohlgesinnt für Preußen verlassen, sie will, daß Preußen mit Österreich den Primat in Deutschland übernehme; die Dankbarkeit gegen diese Gesinnungen fordert, daß man bald einen Mann von Rang und achtungswertem Charakter nach England als Gesandten schickte, sobald man sich offen gegen Frankreich erklärt: ich schlage zu dieser Sendung Minister Grafen Dohna vor, er flößt Zutrauen ein und darauf kommt's jetzt mehr als auf Talente an. Preußen muß das verlorene öffentliche Zutrauen wieder gewinnen; in Schweden gehen die Rüstungen fort, den 15. März ist alles zum Einschiffen bereit; wohin? wird in diesem Augenblick erst durch den englischen General Hope in Stockholm unterhandelt.

Eilen Sie, edler Freund, Ihren guten Namen von der Verunglimpfung zu retten, als ob Sie französisch gesinnt seien, einen schöneren Namen hatte noch keiner, und ich habe den Schmerz, ihn so verunstaltet zu sehen. Machen Sie bald öffentlich kund, welches Ihre wahren politischen Grundsätze sind. Ich bin sehr bekümmert darüber, daß Sie die öffentliche Meinung wider sich haben; es ist wirklich für die neue Begründung der Existenz des Staats wichtig, daß man sich schnell erkläre und das Vertrauen der Mächte wieder gewinnne. Die Sendung Knesebecks tut offenbar Schaden; der Mann hat in Betreff Frankreichs eine fixe Idee im Kopf, die nahe an Narrheit grenzt, er wird ewig für Frankreich arbeiten; er nimmt sich heraus, den Generalen Instruktionen zu erteilen, und macht ihnen zur Pflicht, Stettin gegen die Russen zu decken; er macht sie hiefür verantwortlich; hat er hiezu Aufträge? Will man den russischen Kaiser reizen? Ich muß nach dem Charakter dieses Herrn und seines Kabinetts zu einem behutsamen Betragen raten; wir gehen sonst auch der Freundschaft Englands verlustig. Ich spreche hier als besorgter Diener unseres Herrn. Die Stimme des Volks ist vortrefflich; der König ist so sehr geliebt, daß er damit alles machen kann, was er will. Gott schütze Sie.

6. An die Gattin

Kolberg, den 27. Februar 1813.

Vorgestern abends bin ich hier bei meinen alten Freunden unvermutet angelangt. Gewöhnlich ist in dieser Jahreszeit das Baltische Meer nicht schiffbar, aber im Vertrauen auf das Glück machte ich mich mit einigen Gefährten auf, und wir fanden die schwedische sowohl als deutsche Küste ganz frei vom Eise, so daß selbst Kauffarteischiffe hin- und hergingen. Das Schiff, worauf ich mich befand, war übrigens ein sehr festes englisches Kriegsschiff, das mir die britische Regierung bewilligt hatte, und so liefen wir noch weniger Gefahr als die kleinen Kauffahrer, die um geringen Gewinnes wegen hin- und hergehen.

Hier verweile ich nun, bis die Begebenheiten sich etwas mehr entwickeln und mir Befehle über meine weitere Bestimmung zukommen. Unter Umständen, die Du Dir denken kannst, gehe ich nach Berlin, und unter diesen eingetretenen Umständen richte dann Deine Antwort dorthin unter Adresse des Herrn Kammergerichtsrat Eichhorn. Dein Brief vom 29. September ist der letzte, den ich von Dir erhalten habe.

In Betreff Augusts ist Dir meine Aufforderung von einer oder der anderen Seite wohl schon zugekommen. Selbige mag Dich etwas beunruhigen und ich verdenke Dir dies nicht, aber bedenke, wie so manche andre Mutter in demselben Falle ist und nicht dieselbe Aussicht hat wie Du, ihren Sohn unter väterlicher Fürsorge zu wissen. Ich selbst bin hierüber entschlossener geworden, nachdem ich in England gesehen habe, wie zarte Kinder der ersten Familien des Landes, erzogen in aller Pracht der hohen Geburt, von ihren Müttern genommen und auf Kriegsschiffe getan werden, wo sie bei rauher Kost, Sturm, Kälte und fast sklavischer Behandlung erwachsen, eine Lebensart, zu der ich mich nie entschließen würde, nachdem ich sie näher kennengelernt habe, und wo man, selbst in der besten Zeit, weder Tag und Nacht Ruhe hat. Zu einem solchen Leben August zu bestimmen, dazu würde es mir an Entschlossenheit fehlen. Aber, daß er einige Jahre seines Lebens der Befreiung seines Vaterlandes weihe, ist eine Pflicht, von der ich ihn nicht entbinden kann noch werde. Daß er diese Pflicht aber auf eine leichtere und dabei für seine Sitten und Bildung ersprießliche Weise erfülle, dafür will ich sorgen, solange ich am Leben oder dienstfähig bin. Ob August etwa das Fohlen reiten könnte? Es ist nun drei Jahre alt und kann seinen leichten Körper gewiß tragen. Wäre es zu boshaft geworden, so müßte es gewallacht werden. Doch möchte ich dies letztere nicht gern.

Grüße mir die Kinder tausendmal. Meine kleinen vorläufigen Geschenke werden in einigen Tagen nachfolgen. Ob mir das Glück werden werde, Euch zu sehen, weiß ich jetzt noch nicht. Zu einer Reise nach Berlin würde ich gern die Kosten hergeben, aber ich möchte nicht gern eine Lücke in den Unterricht der Mädchen bringen. Besser daher, daß ich mir diese Freude versage. August sage, daß ich ihm einen Säbel und ein paar Pistolen mitgebracht habe.

Grüße Mutter, Verwandte und Freunde. Gott nehme Euch in seinen Schutz.

7. An Graf Münster

Kolberg, den 28. Febr. 1813.

Meinem vorgestrigen Briefe sende ich diesen nach, um Ew. Exzellenz anzuzeigen, daß es mir gelungen ist, den General von Borstell zu bestimmen, seine Truppen marschieren zu lassen und sich in Kriegszustand gegen Frankreich zu versetzen. Dieser Mann ist ein in Förmlichkeiten atmender Königsgünstling, von den mittelmäßigsten Fähigkeiten. Für *ihn* ist der Entschluß, die Befehle seines Herrn nicht erst abzuwarten, nicht klein und ich tue mir darauf etwas zugute, ihn, trotz seiner Abneigung und seiner Eifersucht gegen mich, hierzu überredet zu haben. Ich habe auf seine Eitelkeit gewirkt. Der Vizekönig von Italien und der Marschall Augereau wollen mit 20 000 Mann Berlin verteidigen. Führen sie diesen Vorsatz aus, so denke ich, daß wir einen guten Fang machen werden. In diesem Augenblick marschieren schon die hiesigen Truppen aus. Den General von Bülow werde ich zu einem gleichen Schritt zu bewegen trachten, und dann sind wir stark genug, auf Berlin etwas zu unternehmen.

Der Abmarsch der deutschen Legion aus Finnland bringt unsere Entwürfe etwas in Verwirrung. Damit dies nur ja nicht einen üblen Eindruck auf die Schweden mache!

Ew. Exzellenz bitte ich gehorsamst mich S.K.H. dem Prinzregenten zu Füßen zu legen. Erhalten Ew. Exzellenz Ihr Wohlwollen

Ihrem treu ergebenen N.v. Gneisenau.

8. An Graf Münster

Kolberg, den 1. März 1813.

Abermals sende ich meinen vorigen Briefen an Ew. Exzellenz diesen nach, um Sie um der guten Sache willen zu ersuchen, bei den britischen Ministern zu bewirken, daß 4-5 000 gezogene Büchsen hierher gesendet werden. Der Zulauf der jungen Leute, die sich den Jägerkompanien einverleiben, ist sehr groß, allein es fehlt schon jetzt an Büchsen für selbige. Desgleichen ist ein Mangel an Kavallerieausrüstungsgegenständen, Sättel, Säbel, Pistolen und Karabiner. An Pferden fehlt es nicht und die Besitzer derselben sind von dem besten Willen, selbige herzugeben. Aber der Mangel genannter Gegenstände verhindert die schnelle Bildung der Kavallerie, die uns doch so nützlich wäre, da die Franzosen mit dieser Waffe fast gar nicht versehen sind. Möchten daher Ew. Exzellenz den Blick des Regenten auf dieses Bedürfnis richten.

Die Universitäten sind auseinandergegangen, die jungen Leute derselben treten unter die Waffen. Die Akademie von Liegnitz ist geschlossen, die oberen Klassen der Gymnasien sind verlassen. Sogar die Universität von Göttingen und andere Universitäten Deutschlands liefern uns Rekruten. Der Geist ist vortrefflich, aber kein Geist vorhanden, um diesen Enthusiasmus zu benutzen und zu steigern. Ich habe sehr bitter nach Hofe hierüber geschrieben. Ein solcher Ton wird meine Rückkunft nicht willkommen machen. Schandenhalber wird man mich indessen doch zu Gnaden annehmen. Aber wenn sich diese Menschen nicht bald erklären, so halte ich mich meiner Pflichten für entbunden und sage mich los, um einem Herrn zu dienen, der meine Bemühungen und die gute Sache würdigt und unterstützt.

Gott erhalte Sie zum besten unserer heiligen Sache.

9. An Graf Münster

Kolberg, den 4. März 1813.

Soeben erhalte ich einen Brief vom König, der mir befiehlt, sogleich zu ihm nach Breslau zu kommen. Die Allianz mit Rußland ist abgeschlossen. Ich erhalte den Befehl über das preußische Hilfskorps, welches zur englisch-schwedisch-russischen Armee stoßen soll. Die Allianz mit Rußland wird noch verheimlicht und erst in 14 Tagen bekanntgemacht. Oppen und Dohna sind im Dienst aufgenommen.

10. An Graf Münster

Breslau, den 14. März 1813.

Seit drei Tagen bin ich hier am Hoflager des Königs angelangt. Ich bin von Sr. Majestät, nach einiger Kritik über meine Dienstverlassung, gnädig und sogar herzlich aufgenommen worden. Welcher Wirkungskreis mir werde angewiesen werden, schrieb ich Ew. Exzellenz bereits aus Kolberg, ich soll nämlich das preußische Hilfskorps befehligen, das sich mit Engländern und Schweden nach erfolgter – noch problematischer? – Landung in Deutschland vereinigen soll. Da dieser mir bestimmte Wirkungskreis erst späterhin stattfinden kann, so sollte ich noch vorher nach England gehen, um den Traktat mit der britischen Regierung zu schließen. Dieses habe ich bestimmt abgelehnt. Nun ist dieses dem Baron Jacobi aufgetragen, und er ist zu diesem Zweck bereits hier angelangt. Vorderhand werde ich der Blücherschen Armee folgen, wo sich wohl etwas zu tun finden wird.

Morgen kommt der russische Kaiser hierher. Die Truppen aus Oberschlesien sind bereits im Marsch. Übermorgen wird ein starkes Armeekorps hier versammelt sein. Man wird öffentlichen Gottesdienst halten und die Truppen für ihre neue Bestimmung einweihen. Von dem Geist, der in der Nation herrscht, kann nie genug erwähnt werden. Söhne von Fürsten, Kinder der reichsten Familien strömen herbei und nehmen als Gemeine Dienste. Männer in Ämtern legen einträgliche Stellen nieder und tun dasselbe. Die Regierung hat bereits einhaltende Maßregeln ergreifen müssen. Es ist rührend, alle die Söhne des Adels und höheren Bürgerstandes von der feinsten Bildung als Gemeine in den zahlreichen Jägerkompanien eingestellt zu sehen, wo sie sich selbst bekleiden, bewaffnen und besolden. Es herrscht ein herrlicher Enthusiasmus. Vorderhand werden zwei Armeen gebildet, eine unter General Yorck, die andere unter General Blücher; bei letzterem ist Scharnhorst als Haupt des Generalstabes eingestellt. In wenigen Tagen sind wir im Besitz von Sachsen, das die verkehrte Politik seines Herrn in unsere Hände gegeben hat.

11. An die Gattin

Breslau, den 17. März 1813.

...August sage, daß sein Entschluß ihm Ehre mache. Die jetzige Zeit ist groß und edel. Es gilt die Befreiung von einem unerträglichen, fremden Joch. Kommt er glücklich durch diese Zeit des Kampfes hindurch, so wird er mir es ewig Dank wissen, daß ich ihm Gelegenheit verschafft habe, dereinst sagen zu können: *Auch ich war im Kampf um Unabhängigkeit.*

Und dann sagt ja auch schon Schiller:

> Und setzet ihr nicht das Leben ein,
> Nie wird euch das Leben gewonnen sein.

Er wird aber in keinem Regiment drin, sondern um meine Person sein, gekleidet in die Uniform der schwarzen Brüder.

Gott segne Euch.

12. An den Kammergerichtsrat Eichhorn in Berlin

Liegnitz, 19. März 1813.

Mein teurer Freund! Es ist eine große herzerhebende Zeit. Ich habe Eckardt, Jahn, Friesen, Jahnke usw. in ihrer Militärkleidung gesehen! Es wird mir schwer, mich der Tränen zu enthalten, wenn ich all diesen Edelmut, diesen hohen teutschen Sinn gewahr werde. Ihr Berliner entbehrt das begeisternde Schauspiel, die Jugend Eurer edleren und höheren Stände in Bataillone und Kompanien eingereiht, und, ihrer frühern Verhältnisse vergessend, die Befehle ihrer Offiziere aufmerksam vernehmend zu sehen. Öfters führte mich mein Weg durch eine Straße, wo diese edlen Jünglinge sich versammelten. Welches Hochgefühl ergriff mich da, wenn ich dies schöne Schauspiel gewahr wurde. Welches Glück, solange gelebt zu haben, bis diese weltgeschichtliche Zeit eintrat. Nun mag man gern sterben, wir hinterlassen unsern Nachkommen die Unabhängigkeit.

Vorderhand bin ich beim Blücherschen Armeekorps als zweiter Generalquartiermeister angestellt. Scharnhorst ist bereits jetzt schon abwesend und wird es künftig noch öfters sein, und da besorge ich dessen Geschäfte. Späterhin soll ich das Armeekorps befehligen, das unter die Befehle des Kronprinzen von Schweden gestellt werden und sich mit Russen und Engländern vereinigen wird. Durch meine Verhältnisse zum Kronprinzen von Schweden, dem Regenten von England, den britischen Ministern, dem Grafen Wallmoden und den vornehmen Schweden bin ich so ziemlich für diese Bestimmung geigenschaftet; weniger durch meine Talente; guter Wille und Beharrlichkeit tun indessen auch viel, und dann ist der Geist unter den Truppen so gut, daß er nur mittelmäßiger Anführung bedarf. Wir haben die moralische Überlegenheit, und unsere Feinde haben das Zutrauen zu sich und ihren Führern verloren; auch haben diese in der letzten Zeit gezeigt, daß die Besonnenheit zugleich mit dem Glück sie verlassen könne.

Wir ziehen nun wohlgemut nach Sachsen. Mannszucht wollen wir halten. Können wir das Land samt dessen Regenten gewinnen, wohl! Verleugnet uns der letztere, so werden wir ersteres für uns organisieren.

Aus Schweden sind gute Nachrichten da. Die Landung soll nächstens vor sich gehen. Auch hat der Kronprinz seinen Projekten auf Norwegen entsagt. Dänemark hat einen Gesandten nach London geschickt und erbietet sich, mit uns zu ziehen. Auch aus Wien sind vortreffliche Nachrichten da.

Senden Sie mir doch gütigst folgende Bücher:

1. Über die Geschäfte des Generalstabs vom dänischen General Binzer.
2. Das preußische Infanterie-Exerzier-Reglement.

Sie werden wohl vernehmen, wo das Blüchersche Korps stehet, nach dessen Hauptquartier Sie diese Bücher richten wollen.

Geschäfte nötigen mich zu schließen. Gott erhalte Sie. Tausend Grüße an Freunde.

13. An Graf Münster

Ich bin zweiter Generalquartiermeister des Blücherschen Armee-korps; da der General Scharnhorst als erster G[eneral]quartiermeister und mit dem höchsten Vertrauen des Kaisers Alexander beehrt, in den verschiedenen Hauptquartieren herumreisen muß, um die Operationen zu verabreden, so besorge ich dessen Geschäfte unterdessen. Wir ziehen uns gegen Dresden. Davoust hat die schöne Brücke gesprengt. Wir wollen indessen schon über die Elbe kommen und, sofern Davoust sich wehren wollte, Dresden nehmen. Ew. Exzellenz sollen von allen wichtigen Begebenheiten Nachricht haben.

Die Truppen wachsen hier aus der Erde. Allerwärts eilt die junge Mannschaft zusammen. Aber es fehlt an Bedürfnissen. Ich flehe Ew. Exzellenz daher an, zu bewirken, daß mir die bewilligten Gegenstände, nämlich für 20 000 Mann Waffen, Kleidung, Ausrüstung und Geschütz schleunigst nach Kolberg gesendet und womöglich vermehrt werden. Wir wollen wahrlich einen guten Gebrauch davon machen. Auch drückt uns bitterer Geldmangel.

Was Sie, edler Mann, hierfür zum Heil unserer deutschen Sache tun können, werden Sie gewiß.

Legen mich Ew. Exzellenz dem Regenten zu Füßen, und empfangen Sie die Versicherung meiner treuen Verehrung. Ihr treuergebener N. v. Gneisenau.

In höchster Eile. Ich beschaffe soviel, daß ich kaum und manchmal gar nicht schlafe. Vergeben Sie daher die Unordnung dieses Briefes.

14. An den General Dörnberg

Marschquartier Haynau. den 22. März 1813.

Nie, mein edler Freund, hat es einen glücklicheren Sterblichen gegeben. Ich befinde mich auf dem Marsch, um endlich gegen unsere Unterdrücker fechten zu dürfen. Vorderhand bin ich als zweiter Generalquartiermeister beim Blücherschen Armeekorps angestellt, und späterhin, welches Glück für mich, werde ich das Hilfskorps befehligen, das zu Schweden, Russen und Engländern stoßen soll. Ich komme dann in nähere Berührung mit Ihnen. Wir wollen wohl unsere Sache tapfer durchfechten.

Wir kommen mit den schönsten Truppen an. Wir bringen 7 000 Mann der besten Reuterei. Jedesweden Herz ist hochgestimmt. Mein munterer Feldherr ist neu begeistert. Scharnhorst, unser erster Generalquartiermeister, leitet uns. An der Spitze der Brigaden und Regimenter sind tüchtige Leute; der Soldat ist schlagfertig und erbittert. Als unsere Kavallerie von Breslau abzog, flogen in derselben Richtung ein Schwarm Krähen. Ha! sagten die Soldaten, diesen Krähen hat das Franzosenblut gut geschmeckt; sie kommen uns nach, um noch mehr davon zu fressen.

Übermorgen überschreiten wir die Grenze. Wintzingerode erwartet uns an der Neiße, wenn anders die Franzosen nicht Dresden verlassen haben, was ich nicht glaube. Davoust wird sich in der Altstadt Dresden verteidigen wollen, und dann wollen wir diesen Ort stürmen.

Bleiben Sie mit mir in Verbindung. Wenn Sie auch nur zwei Zeilen schreiben, so ist dies hinreichend und oft wichtig. Wie ich mich freue, Sie wiederzusehen! Gott nehme Sie in seinen Schutz.

Zwischen dem Regenten, den britischen Ministern, Ihrem Onkel und mir ist die Verabredung getroffen worden, von der bevorstehenden Sendung laut zu reden, damit die unterdrückten Völker wissen, daß Hilfe kommt. Lassen Sie daher davon etwas in die Zeitungen rücken.

15. An Hardenberg

Marschquartier Bunzlau, den 24. März 1813.

Ew. Exzellenz hatten sich gegen mich geäußert, daß Sie uns eine Proklamation an die Sachsen nachsenden würden. Ihre überhäuften Geschäfte haben Ew. Exzellenz vermutlich diesen Gegenstand aus dem Gedächtnis kommen lassen. Wir sind diesen Augenblick im Begriff, über die Grenze zu treten. Ich war also genötigt, gestern eine Proklamation im Namen des Generals Blücher zu entwerfen, die soeben naß aus der Druckerei kommt. Möchte selbige den Sinn nicht verfehlen, den Ew. Exzellenz hineinzulegen etwa gewünscht hätten. Ich habe selbiger einen etwas poetischen Schwung gegeben, weil selbige für die große Masse des Volkes und nicht für die höheren Stände allein bestimmt ist, die durch Erziehung und Egoismus häufig den poetischen Sinn verloren haben, dahingegen jenes in den fast einzigen Büchern, mit denen es vertraut ist, in der Bibel und im Gesangbuch, an poetische Bilder gewöhnt ist und Gefallen daran findet.

Alles ist in der besten Stimmung. Das Sprengen der Dresdener Brücke hat auf den König von Sachsen einen tiefen Eindruck gemacht. Mehr als alle Vernunftgründe mag ihn dieses Verfahren der französischen Generale unsern Plänen geneigt machen.

16. An Amalie von Beguelin

Dresden, den 31. März 1813.

Verehrte Freundin!

Gerade über das, wessen Sie mich beschuldigen, war ich im Begriff, bei Ihnen, zu geistvolle Freundin, Klage zu führen. Sie, die Sie ein Mosaik aus Montaigne, Kardinal Retz, La Rochefoucauld und La Bruyère zusammengesetzt sind, und jeden Augenblick von geistreichen Bemerkungen übersprudeln, wodurch Sie jeden bescheidenen Ausdruck des Gefühls sofort in das Innere der Brust zurückscheuchen, wollen mir Vorwürfe machen, daß ich zu viel Verstand und zu wenig Gefühl bin; ich, der ich gerade von jenem nur einen so mittel- mäßigen Anteil, von diesem aber so überschwenglich viel habe! Erste Ungerechtigkeit!

Zweite Ungerechtigkeit! Sie beschuldigen mich der Strenge gegen andere, mich, der ich selbst der Nachsicht anderer so viel bedarf! mich, der ich, Gott sei mein Zeuge, die höchste Ursache habe, bescheiden zu sein; der idi nichts weniger als tugendhaft bin und von Schwächen und kleinen Leidenschaften bestürmt werde; der ich alles durch Glück und Umstände, wenig durch reife Überlegung geworden bin. Wie lächerlich würde ich sein, oder wie heuchlerisch, wenn ich andere streng beurteilen sollte. Ersparen Sie mir diese Epitheta und nehmen Sie ihre Beschuldigung zurück.

Wie ganz anders behandelt mich unser edler Freund. Er will mir wohl, trotz meinen Fehlern, und bürdet mir nicht fremde auf. Wäre er nicht, wo wir beide vor ihm vor Gericht stehen, ein parteiischer Richter, wahrlich ich würde Sie verklagen.

Also, verehrte Freundin, seien Sie edel, das heißt gerecht. Denken Sie denn, daß man ein Recht habe, ungerecht zu sein, wenn man liebenswürdig ist? Da stehen Sie in einem falschen Wahn. – Nun muß ich schließen. Der Kurier kommt. Gott nehme Sie in seinen Schutz.

17. An Ernst Moritz Arndt

Rochlitz (an der Mulde), den 10. April 1813.

Zwei Ihrer Briefe, mein trefflicher Freund, sind in meinen Händen, der eine vom 8. Februar und der andere vom 14. März. Der erste in der Absicht geschrieben, mich für die Legion zu interessieren. Was ich für selbige habe wirken können, habe ich redlich getan. Wie Sie wissen, waren meine Entwürfe nicht zunächst auf sie gerichtet, als ich nach England ging. Nur einige Offiziere waren vorhanden, als ich Riga verließ. Von Wilna aus hatte ich bereits an den Herzog von Oldenburg geschrieben, um ihm zu sagen, daß ich trachten würde, der Legion nützlich zu werden. Ich habe nicht eine Zeile Antwort von ihm erhalten. Dennoch habe ich lange für selbige in England gearbeitet, und zu meinem Kummer lange vergebens. Man erwartete in London die Initiative von Petersburg und dort trug man bis zur glücklichen Wendung der Dinge Bedenken, mit England zu verhandeln. Selbst da noch zögerte man mit dem Antrag. Endlich geschah er und ward zuletzt durch des Grafen Münster Mitwirkung angenommen.

Ich trieb nebenher noch andere Dinge. Englands und Schwedens Annäherung und die Landung eines Heers in Deutschland waren die Hauptgedanken, welche ich verfolgte. Im September war ich dem Ziel meiner Wünsche sehr nah. Die Ereignisse wollten es anders. Die zur Landung bestimmten russischen Truppen wurden aus Finnland nach der Düna abgerufen, und Schweden sagte sich nun von der Landung los. Aber welche Ereignisse hätten stattgehabt, wenn man den Entwurf dazu steter verfolgt hätte! – Wir stünden in diesem Augenblick jenseits des Rheins.

Dieses mein Lieblingsprojekt ward nicht ausgeführt; die Entscheidung sollte von anderswoher kommen. Die russischen Siege folgten sich endlich Schlag auf Schlag und mahnten mich, nach dem Vaterlande zurückzukehren. Ich schickte mich ungeachtet der widrigen Jahreszeit dazu an, nachdem ich gegen den Regenten von England die Verbindlichkeit eingegangen war, in dessen Dienst zu treten, wofern mich mein alter Herr nicht wieder aufnehmen wolle. Als ich eben von London abreisen wollte, erhielt ich ein Schreiben von dem Herzog von Oldenburg, worin er mir eine Generalstelle in der deutschen Legion anbot. Wenn auch mein alter Herr meine Anstellung verweigert hätte, so war ich nun nicht mehr frei, das Anerbieten des Herzogs anzunehmen.

Ich reiste ab und kam in Kolberg an. Der meine Ankunft bei Hof anmeldende Kurier kam schleunig wieder zurück und brachte mir Befehl, sogleich nach Breslau mich zu verfügen. Dort angekommen, ward ich sogleich angestellt. Unschicklich wäre es gewesen, hätte ich einen fremden Dienst angenommen, während der des Vaterlandes mir angeboten ward.

Man hat bei der Legion und anderwärts meine Absichten verwechselt. Weil ich für sie wirkte, so glaubte man, es sei in der Absicht, um in ihr zu dienen, während ich selbige in meine anderweiten Pläne verflocht und nur dann große Hoffnungen von ihr hatte, wann sie in Verbindung mit einem großen Landungsheer in Deutschland erscheinen konnte. Auf dieses also vorzüglich mußte ich zu wirken trachten, wenn aus der Legion etwas Rechtes werden sollte.

Durch alle diese Zögerungen und Änderungen der Entwürfe ist indessen die Legion so manchem Mangel unterworfen geblieben, daß mich die Lage der Offiziere, welchen ihre Bildung unter so schwierigen Umständen obliegt, wirklich herzlich jammert. Die Entfernung vom Kriegsschauplatz ist das Schlimmste, was der Legion begegnen konnte. Hätte man selbige nach der Insel Ösel verlegt, so könnte sie jetzt an der Niederweser und vielleicht sehr zahlreich sein. Viel ist versäumt, was spät nur eingebracht werden kann.

In dem Grafen Wallmoden hat man der Legion einen Anführer gegeben, der bei einem sehr milden Charakter eine lange Kriegserfahrung besitzt. Obgleich er den Befehl darüber nur bedingungsweise angenommen hat, so wird er sich doch willig finden lassen, sein Schicksal an das der Legion zu binden, sobald sich selbige wird vermehrt und sobald die Dinge in Deutschland eine geordnetere Gestalt werden angenommen haben.

Mein mir künftighin bestimmtes Wirken wird mit dem der Legion zunächst zusammentreffen. Ich soll nämlich das Hilfskorps befehligen, das zu den landenden Schweden und Engländern stoßen und unter den Befehl des Kronprinzen von Schweden gestellt werden soll. Ich treffe dann auch mit Dörnberg zusammen. Vielleicht kommen dann auch Sie als Sänger, Historiograph, Redner und Mitstreiter zu uns. Meine Streu, meinen Tisch und meine Freuden will ich dann mit Ihnen teilen.

Der Major Helwig hat eine schöne Waffentat vollbracht. Er hat am 12. dieses Monats mit nur einer Schwadron 1700 Mann Infanterie und 200 Mann Kavallerie Bayern bei Langensalza überfallen und ihnen 5 Kanonen abgenommen. Er war 18 Stunden lang marschiert. Seine Schwadron hat ungemein tapfer gefochten, die Bayern sich hartnäckig verteidigt; der Leutnant von Trübenfeld ward dabei schwer verwundet.

Gott befohlen! N.v. Gneisenau.

Nächstens ein Mehreres.

18. An die Gattin

Noch kennen wir den Krieg nur aus der Ferne. Wir haben Gefangene gemacht, Kanonen erobert, Länder in Besitz genommen, ohne daß das Hauptquartier einen Schuß gehört hätte. Das Wetter ist vortrefflich. Einen solchen Frühling habe ich noch nicht erlebt.

Wenn Du zufriedner mit mir bist als ehedem, so lasse Dir sagen, daß meine Zufriedenheit sich wahrlich um ein Geringes erwerben läßt: um etwas Aufmerksamkeit auf meine *billigsten* Wünsche.

Kinder, Verwandte und Freunde grüße vielmal.

Gott befohlen.

19. An Hardenberg

Den 25. April 1813.

Heute habe ich bei dem General v. Blücher den General Toll, russischen Generalquartiermeister, kennengelernt. Es ist dies ein höchst arroganter Mensch, mit nur ganz gemeinen militärischen Kenntnissen. Für höhere Ideen ist er ganz unempfänglich und unfähig. Darum hat er auch den wirklich genialen Feldzugsplan des General v. Scharnhorst bekämpft und verworfen, einen Plan, so einfach, so leicht, so sicher in seinem Erfolg und dennoch so kühn aussehend, daß er jeden *Unbefangenen* sogleich für sich gewinnen mußte. Ich lege selbigen hier bei, damit Sie in einer unbeschäftigten Viertelstunde selbigen durchlesen und darüber urteilen mögen. Wenn Ew. Exzellenz ganz allein dessen Richter sind, und nicht etwa einen Militär darüber befragen, so bin ich sicher, daß er Ihren Beifall erhält. Er sei auch in *der* Absicht bei Ew. Exzellenz niedergelegt, damit wenn uns ein Unglück begegnen sollte, die Nachwelt wisse, daß wir etwas Besseres geraten haben.

Man soll sich nun konzentrieren und schlagen. Das ist recht gut. Ich hoffe, es soll zu unserem Ruhm und Ehre geschehen. Wenn aber Fürst Kutusow und seine Umgebungen, so wie bei Borodino, um ihre Rückzugsstraße besorgt sind und zeitig von dannen ziehen, so wird der Übergang über die Elbe immer mit Verlust und Unordung verbunden sein. Wie aber, wenn der Feind nicht kommt, und man sich früher konzentriert hat, ehe man die Schlacht liefern kann? So muß man jetzt Ende April, durch Hunger gezwungen, auseinandergehen, und ist dann vielleicht nicht vereinigt, wenn man es sein sollte. Doch hoffe ich, sieht sich der Kaiser Napoleon gezwungen, eine Schlacht zu liefern, bevor Österreich sich erklärt hat, und bei dieser Voraussetzung würde unsere baldige Konzentrierung nicht schaden.

Die Feinde kommen über die Saale herüber, zwar noch in kleineren Haufen, aber dennoch zeigen sie sich an allen Saaleübergängen. Ich denke, wir sind am Vorabend großer Begebenheiten, und da wird Tapferkeit entscheiden, wo die Intelligenz mangelt. Möchte ich Ihnen recht bald einen Sieg verkünden können. Gott segne Sie.

20. An Hardenberg

Meißen, den 6. Mai 1813.

Noch habe ich keinen Moment finden können, Ew. Exzellenz ein Zeichen des Lebens zu geben. Ich will dies nicht länger aufschieben. Wir sind aber zeither von früh bis nachts nicht aus der Bewegung gekommen.

Die gefochtene Schlacht ist eine unentschiedene gewesen . Das Schicksal derselben hing einigermaßen an dem Besitz zweier Dörfer. Darum ward gekämpft. Wir hatten am Ende nicht mehr so viele Truppen daranzusetzen als der Feind. Die Einleitung zur Schlacht war nicht gut. Den General Miloradowitsch dirigierte man nicht nach dem Schlachtfeld, sondern nach Zeitz. Mehrere Truppenabteilungen haben gar nicht, andere nicht zur rechten Zeit gefochten. Der Kampf ließ also nach; Geschütz ist nicht verlorengegangen; ebenfalls keine Trophäe; von ersterem haben wir zwei Stück im Gegenteil erobert. Wir wollten den Feind umgehen, da aber unser Angriff mißlang, so fanden wir, durch unser Umgehen, unsere Rückzugsstraße bedroht. Man ging also über die Elster, Pleiße und Mulde zurück. Anfangs folgte uns der Feind nicht; gestern tat er dies und hatte ein scharfes Arrieregardegefecht mit dem Oberstleutnant v. Steinmetz, worin dieser vier Offiziere, tot oder verwundet, verlor. Heute sind wir unverfolgt hier angelangt. Der moralische Zustand der Armee ist gut. Der Soldat glaubt nicht geschlagen zu sein. Durch mangelhafte Verpflegung, herbeigeführt durch Unkunde und Mangel an Einsicht, ist ein Teil der Truppen etwas ermattet. Wir wollen selbige wieder erfrischen, so gut dies hier angeht. Können Ew. Exzellenz etwas Außerordentiches für diesen Gegenstand tun, so würde dies von guter Wirkung sein; z.B. Weißbrot, Wein usw. die Elbe herunterschicken.

Wenn alles mit Anstrengung an Wiederherstellung und Vergrößerung der Streitkräfte arbeitet, so bin ich keinen Augenblick zweifelhaft über das Schicksal des Krieges. Die Belagerungen müssen aufgehoben, in Blockaden umgewandelt, und diese der Landwehr übertragen werden. Dieses gibt uns 24 Bataillone etwa. 3 Bataillone finden wir an der Elbe; mit General Kleist können wir uns nun vereinigen, mit Miloradowitsch sind wir es bereits; vielleicht werden wir dies mit Bülow und Borstell auch. Dieses zusammengenommen haben wir eine Macht um ein großes stärker als die am Schlachttage, während der Feind noch geschwächt ist. Unter solchen Umständen darf der Sieg nicht zweifelhaft sein. Aber alle Streitkräfte der Nation müssen in Anspruch genommen und alle in *einem* Moment, soweit dies angeht, angewendet werden.

Was Schweden und Österreich tun werden, ist hier noch gar nicht angeschlagen.

21. An die Gattin

Meißen, den 6. Mai 1813.

August hat sich ein Ehrenzeichen verdient, nämlich einen Schuß in die Oberwade, glücklicherweise nur eine Fleischwunde. Der beiliegende Brief meines Sekretärs wird Dich über seine Pflege beruhigen. Übrigens habe ich ihm 20 Frd'or gegeben, um, wenn er will, seine Reise bis zu Dir fortzusetzen.

Von Anfang der Schlacht am 2. d. ward ich von ihm getrennt, indem mir die Reiterei des linken Flügels zu führen übertragen wurde. Der junge Krieger hat demnach die Schlacht im Gefolge meines Freundes Scharnhorst mitgemacht. Dort ging es am heftigsten zu und es ward hartnäckig gefochten. Ein solches Kleingewehrfeuer habe ich nie gehört. Nach dem Zeugnis aller derer, die ihn im Getümmel und Wüten der Schlacht gesehen haben, hat er sich mit Tapferkeit und Furchtlosigkeit betragen. Sein Pferd, ein schöner Brauner von mir, war tödlich verwundet; er mußte solches auf dem Schlachtfelde lassen.

Von seinem Schicksal nichts wissend und bekümmert um ihn, saß ich bei meinem General morgens um 3 Uhr im Posthause zu Pegau, als August auf einmal zufällig ins Zimmer trat. Ich freute mich sehr ihn zu sehen. Wir sprachen lange miteinander. Erst hinterher erzählte er mir, er sei verwundet. Du kannst Dir mein Erstaunen denken. Ich sorgte schnell für ihn, übergab ihn einem Offizier, der ihn mit Extrapost zur Bagage brachte und trennte mich von ihm, um nach dem Schlachtfeld zurückukehren.

Die Schlacht ist eine unentschiedene. Viel Blut ist umsonst vergossen worden. Die Anlage dazu war nicht sonderlich, oder vielmehr die Ausführung der Anlage, denn wir ließen Truppen außer dem Gefecht, die wir füglich heranziehen konnten, z.B. die Korps des Generals Miloradowitsch, des Generals von Kleist und des Generals von Bülow. Ersteres hat 100 Kanonen, die uns gute Dienste hätten tun können. Am Ende der Schlacht hatte der Feind noch eine Mehrzahl von 50 000 Mann Infanterie gegen 20 000, die uns übrigblieben oder die noch schlachtfähig waren, denn der Tod hatte unter vielen Bataillonen sehr gewütet und sie aufgelöst. Wir haben drei Bataillone, wovon zwei nur zwei Offiziere, das dritte nur einen

Offizier übrig behielt. Wir hatten überhaupt zu wenig Infanterie, und man wollte den Rest derselben nicht aufs Ungewisse hin daransetzen, um nicht eine Niederlage zu erleiden. Somit ward mir unbewußt der Befehl zum Zurückzuge gegeben. In der Dunkelheit war ich von meinem General abgekommen. Ich suchte ihn auf dem Schlachtfelde vergebens. Gegen 2 Uhr nachts ging ich in das nahe Pegau, fand ihn, blieb einige Stunden mit ihm, traf dort August, kehrte nach dem Schlachtfelde zurück und sah dort nichts vom Feinde. Da alles den Rückzug angetreten hatte, ging ich gegen 9 Uhr vom Schlachtfelde und zog mit den übrigen.

Grüße alles. Gott erhalte Euch.

22. An Hardenberg

Kamenz, den 11. Mai 1813.

Das Glück ist uns nicht hold, vermutlich weil wir in der Einleitung gefehlt haben. Es zeigt sich solches uns abermals ungünstig, wie Ew. Exzellenz die Ihnen heut bekanntgewordene Dienstentsetzung des Generals Thielmann gezeigt haben wird. Wir dürfen uns indessen nicht niederschlagen lassen, sondern der steigenden Gefahr müssen wir verdoppelte Anstrengung entgegensetzen. Geben daher Ew. Exzellenz nicht zu, daß man den Mut sinken lasse oder wohl gar verzweifle. Wir kommen ganz gewiß glücklich durch diesen Kampf, wofern wir ihn nur mit Ernst und Würde bestehen wollen.

Das größte Übel, worunter wir leiden, ist die Befehlführung der Armee. Graf Wittgenstein ist selbiger nicht gewachsen, und das Vertrauen, welches er ehedem in den General Diebitsch setzte, ist verschwunden. Dieser hinwiederum hat den Kopf verloren. Der General d'Auvray. Chef des Generalstabes, ist bequem und indolent. Dreimal bin ich in Borna, am l. Mai, bei diesen Männern gewesen, und dreimal habe ich sie in ihren Betten gefunden; nachmittags, abends, morgens. Aus ihrer Feder erscheinen unzweckmäßige, unverständige, unausführbare Befehle. Wir tun davon, was wir können oder mögen, aber es gibt deren welche, die wir, um uns nicht selbst in Gefahr zu stürzen, befolgen müssen. So mußten wir die Elbe verlassen, bevor uns der Feind dazu nötigte. Wir sind nun in eine Gegend gegangen, aus welcher uns Mangel früher noch als der Feind treiben wird.

Es ist möglich, daß die Schlacht (eine nicht gelungene wollen wir sie nennen) vom 2. Mai und Sachsens Wiedervereinigung mit Frankreich Österreich besorglich machen, wenigstens seine Hilfe verzögern werde. Dies darf uns nicht schrecken. Mit Gewißheit fast sehe ich voraus, daß Graf Wittgenstein nicht, wie er vorgibt, bei Bautzen eine zweite Schlacht annehmen, sondern seinen Rückzug fortsetzen werde. Er mag dies immerhin tun, wenn es nur mit Verstand und Ruhe geschieht. Man muß mit Ordnung zurückweichen und sich nach und nach durch die in Schlesien sich befindlichen Streitkräfte verstarken. Dort haben wir mehrere feste Stellungen.

Drei derselben, bei Silberberg, bei Glatz, bei Neiße sind durch starke Festungen geschützt. Werden diese Festungen jede mit Lebensmitteln für 20 000 Mann auf drei Monate versehen, was, wenn es sogleich geschieht, das Werk weniger Tage ist, so mögen Landwehren und Feldtruppen dahin zurückweichen, und der Landsturm unterdessen sein Wesen treiben. Die Russen mögen entweder nach Polen zurück, oder nach Kosel gehen. Sogleich als dies geschehen ist, kommt der Krieg ins Gleichgewicht, Napoleon kann nur mit einem Teil seiner Armee den Russen folgen, während er den andern den Schlesischen Festungen gegenüber lassen muß. Wird er mit diesem diese starken Bollwerke angreifen oder die festen Läger dabei erstürmen? Ich zweifle. Der zurückgelassene Teil wird immer schwächer als unsere Lagerbesatzungen sein. Diese können daher das Entbehrliche ihrer Mannschaft vereinigen und damit offensive Operationen unternehmen. Wer mit einem Armeekorps Silberberg beherrscht, ist auch Herr des Gebirges bis an die sächsische Grenze.

So kann man in Schlesien verfahren. In Pommern übergebe man die Einschließung Stettins vorderhand noch einem Teil der Landwehr. Das Tauentziensche, Bülowsche und Borstellsche Korps können sich vereinigen und an solches sich der Rest der Landwehr anschließen. Diese können, bei einigem Glück, sogar offensiv gehen. Im schlimmsten Falle gehen sie nach dem Lager von Kolberg zurück und erwarten dort, bis die preußische Landwehr ankommt.

Ew. Exzellenz sehen hieraus, daß ich auf die schwedische Hilfe nicht mehr rechne, sondern als für uns neutralisiert betrachte. Daß ich noch gar nicht von dem Barclay de Tollyschen Korps geredet habe, und den Fall annehme, daß Österreich dem Schrecken mehr als einer gesunden Politik gehorche. Ich habe also wirklich die allerschlimmsten Voraussetzungen angenommen. Und dennoch läßt sich auch aus dieser ungünstigsten aller Voraussetzungen ein endlicher guter Erfolg herauskonstruieren, sofern man nur standhaft ist. Also nur Mut. So wie ich Ew. Exzellenz kenne, werden Sie ihn nicht verlieren, aber ich wollte Ihnen nur ein Paar Worte sagen, um ihn bei denen, die dessen ermangeln, zu motivieren.

Haben denn Ew. Exzellenz die von mir an Sie gerichteten Briefe erhalten? Der letzte war aus Meißen datiert.

Gott nehme Ew. Exzellenz in seinen Schutz, und lasse uns bald heitere Tage wiedersehen, sofern wir solche durch Standhaftigkeit verdienen.

23. An die Gattin

Hauptquartier Gumschütz bei Bautzen, den 13. Mai 1813.

Gestern sind wir auf unserm aus dem Russischen Hauptquartier befohlenen Rückzuge – denn unsere Armee ist sehr unzufrieden damit – hier angekommen. Der Feind folgte unserm Nachzuge fechtend. Wir wollten ihm heute oder morgen eine neue Schlacht liefern. Heute morgen trafen wir die Anstalten dazu. Zu unserer Verwunderung aber hat sich nicht das mindeste heut vom Feinde gezeigt. Wir senden nun Parteien aus, um Kundschaft von ihm einzuziehen.

Der Krieg ist unsern Grenzen näher gekommen durch Schuld von Leuten, die nicht wissen, was sie wollen. Wir haben die Elbe unnötigerweise verlassen. Der Soldat ist unzufrieden mit dem beständigen Rückzuge, und ich mag ihm dies nicht verdenken.

Sollten wir eine neue Schlacht liefern und selbige verlieren, so wird das Gerücht davon schnell genug bis zu Euch kommen. Dann lasse August nach Böhmen gehn und dort seine Wunde pflegen. Überlebe ich die Schlacht, so werde ich Dir davon Kenntnis zu geben suchen. Ich weiß nicht, ob Dich mein letzter Brief erreicht hat, worin ich von dem guten Zeugnis sprach, das August wegen seiner Tapferkeit gegeben wurde. Ich will es zum Überfluß noch einmal hersetzen. Scharnhorst schreibt mir: » *Ihr Sohn, Ihr braver Sohn, ich habe ihn fechten gesehen. Er verdient, allen zum Muster aufgestellt zu werden.*« Andere geben ihm ein ebenso vorteilhaftes Zeugnis. Er wird vielleicht das Eiserne Kreuz erhalten, denn er ist dazu vorgeschlagen. Er muß nun längst bei Dir angekommen sein. Gib mir sogleich über sein Befinden Nachricht, adressiert an mich beim Blücherschen Armeekorps.

Übrigens seid unbesorgt. Das Schicksal der Waffen ist zwar manchmal sehr sonderbar, allein was ich gewahr werden kann am Geist des Soldaten, ist gemacht, um Hoffnungen einzuflößen. Er ist guten Mutes. Im Lager vor uns geht es munter zu; Musik und Gesänge erschallen und alles ist wohlgemut, seitdem der Rückzug aufgehört hat.

Gott nehme Euch in seinen Schutz.

24. An Hardenberg

Bei Kreckwitz, den 21. Mai morgens.

Der Angriff hat wieder begonnen. Wir Preußen haben durch unsere Batterien dem Feinde das Debouchieren verwehrt. Alles steht im Gleichgewicht. Kommt die mir versprochene russische Artillerie noch an, so ist das Schicksal des Tages nicht zweifelhaft. Alle Truppen sind in bester Ordnung.

N. v. Gneisenau.

Windmühle Mengersdorf bei Reichenbach, den 22. Mai 1813.

Die Truppen haben sich gestern mit vieler Hartnäckigkeit geschlagen, die Stellung war so, wie die Russen sie verteidigen wollten, schlecht. Der General Barclay de Tolly ward in unserer rechten Flanke am Windmühlenberg bei Gleina geschlagen und aufgelöst, dadurch wurden wir Preußen in folgender Figur angegriffen. Die Punkte sind preußische Truppen. Wir mußten am Ende den Rückzug antreten. Es geschah mit schöner Ordnung, ohne einen Gefangenen und ohne ein Geschütz zu verlieren. Wir gehen hinter Görlitz in eine neue Stellung. In diesem Augenblick wird unsere Arrieregarde sehr gedrängt. Wir machen Anstalt, um ihnen zu Hilfe zu kommen. Die Armee ist zusammen und auf neue Ereignisse gefaßt.

N. v. Gneisenau.

25. An Hardenberg

Hennersdorf, den 23. Mai 1813.

Gestern sind wir hier angelangt, um eine Stellung hier zu nehmen und den Truppen einige Ruhe zu geben, deren sie so sehr bedurften. Jetzt in diesem Augenblick erhalten wir von dem Grafen Wittgenstein den Befehl, bis hinter den Queis bei Naumburg zu gehen. Dieser abermalige Rückmarsch wird die gestern noch geschlossen gehenden Truppen, die so sehr ermüdet sind und zum Teil sich 3 Tage lang geschlagen haben, sehr auseinander bringen. Der Graf Wittgenstein ist für den Befehl ganz unfähig. Aus dieser Armeeführung kann nur Unsegen entstehen. In dem vorgestern gefochtenen Treffen hat er weder Barclay de Tolly noch das Blüchersche Korps unterstützt. Für letzteres sollten die Unterstützungen abgehen, nachdem schon das Blüchersche Korps, um nicht gänzlich aufgerieben oder gefangen zu werden, seine Stellung hatte aufgeben müssen. Der Rückzug ward in der schönsten Ordnung gemacht. Beikommender Bericht, den wir für das Publikum bestimmt haben, enthält nichts als die reinste Wahrheit; dafür verbürge ich mich Ew. Exzellenz mit meiner Ehre, aber er enthält nicht die ganze Wahrheit, die für unsere Alliierten bitter gewesen wäre, die wir folglich verschweigen mußten.

Ich sehe voraus, daß der Rückzug der Russen nun unaufhaltsam fortgehen wird, bis die Entwicklungen der Politik etwa dem Feinde Stillstand gebieten. Wir Preußen möchten dadurch bis nach Silberberg zurückweichen müssen. Die Läger bei Glatz und Neiße werden nun wichtig, und es ist nötig, daß dieselben mit Lebensmitteln versehen werden. Dorthin können Landwehren und andere Truppen gehen, die man nicht zur Armee ruft. Vorderhand müssen wir von eigener Standhaftigkeit abhängen, und selbst damit allein können wir noch lange ausdauern. Daß nur Ihre Räte nicht zaghaft werden, wie schon geschehen ist. Lesen ihnen Ew. Exzellenz den Text und geben Sie ihnen wieder etwas moralische Kraft. Verlieren wir in diesem Augenblick die Besinnung, so vertraut uns Österreich nicht, und wir gehen dann durch Kleinmut zugrunde. Standhaftigkeit und Beharrlichkeit werden uns sicherlich retten.

Senden mir Ew. Exzellenz einen Ihrer Sekretärs mit einer Mappe mit Schreibmaterialien, durch den ich mit Ihnen in unablässiger Verbindung sein kann, und womöglich einige Postillione zu Estafetten. Wir sind ohne alle diese Hilfsmittel, da sich alles von uns getrennt hat.

Gott nehme Ew. Exzellenz in seinen Schutz.

N. v. Gneisenau.

Meine Familie muß unter diesen Umständen von Hirschberg fort und nach Böhmen. Seien Ew. Exzellenz so gnädig, selbige mit Geld zu versehen. Ich bin seit 3 Wochen von meiner Bagage getrennt und besitze nur noch einige Goldstücke. Der Leutnant v. Zedlitz, den ich als Kurier Ew. Exzellenz sende, wird das von Ew. Exzellenz meiner Familie zur Emigration bestimmte Geld meiner Frau überbringen. Seien Sie daher so gnädig, selbigen sogleich damit versehen zu lassen, damit er sofort nach Hirschberg und von da wieder zur Armee gehen kann. Ew. Exzellenz werden um so williger in dieses mein Gesuch willigen, damit ich durch Beseitigung der Familiensorgen mich um so getroster dann für die öffentlichen Angelegenheiten hingeben kann. Gott befohlen.

26. An die Gattin

So hart es in Betreff der armen kranken Mutter ist, so muß ich Dich doch ermahnen, nicht ferner in Landshut zu verweilen. Die Kriegsbewegungen sind heutzutage so schnell, daß es nicht immer möglich ist, im voraus davon benachrichtiget zu werden, und verschiebst Du Deine Abreise bis zuletzt, so entsteht selbst im günstigsten Falle für Dich die Unbequemlichkeit, ja selbst Gefahr, zwischen flüchtige Wagen zu geraten, wo jeder nur sich selbst zu retten sucht unbekümmert um das Schicksal anderer. Ein zerbrochenes Rad allein schon könnte Dich den größten Gefahren aussetzen.

Wir gehen heute nach Schweidnitz, um dort eine neue Schlacht anzunehmen. Die Armee ist im besseren Zustande als je. In diesem mit beispielloser Wut tobenden Kriege haben die Truppen sich schon viel Kriegserfahrung gesammelt und sich an das Feuer gewöhnt. Der Mut und die Ordnung ist noch ungebrochen, und an Zahl haben wir gewonnen durch unsere Verstärkungen. Allerwärts fochten die Truppen mit Mut. Der Tod hat unter unseren Offizieren sehr gewütet. Viele Bataillone haben nur noch 2-3 unverwundete Offiziere übrig; Kavallerieregimenter zum Teil nur 4-5. Keiner von uns, der den Krieg mit begonnen hat, kann unversehrt hindurch kommen, und am Ende wäre es auch nicht ehrenvoll.

Sage August, daß wir am 26. dieses ein sehr wohlangelegtes und glückliches Gefecht bei Haynau gehabt haben, worüber ich ihm auch bereits geschrieben habe. Wir lockten die feindliche Infanterie in einen Hinterhalt unserer Kavallerie, die sich auf ein durch Anzündung einer Windmühle gegebenes Signal schnell hervorstürzte und einen großen Teil der Infanterie niederhieb. 18 Kanonen waren bereits erobert, aber nur die Hälfte davon konnte aus Mangel an Bespannung in Sicherheit gebracht werden. Das ganze Feld war mit Toten und Verwundeten besäet. Was von diesen noch entfliehen konnte, stürzte sich nach Haynau.

Gott befohlen! Sei getrost und guten Mutes. Wenn man Beharrlichkeit und Kraft nicht verliert, so wird, so muß alles gutgehen.

Noch nie waren soviel Elemente des Sieges vorhanden. Selbst wenn wir geschlagen würden, so gehen wir um wenige Meilen in fast unüberwindliche Stellungen zurück und bringen dadurch den Krieg ins Gleichgewicht. Würde aber er, der so viel Unglück über die Welt bringt, geschlagen, so geht seine ganze Armee zugrunde. Wenige davon würden dann ihren vaterländischen Herd wiedersehen. Die Österreicher würden dann sogleich an die Elbe rücken und den Rückweg sperren. Auch steht unser General Bülow mit 25 000 Mann im Rücken des Feindes und war schon bis Spremberg vorgerückt. Ein Sieg würde demnach die Welt von einer großen Plage befreien.

Frau v. Clausewitz und ihrer Mutter tausend Empfehlungen. Ich wünsche, daß Du mit ihr gehest, sei es nach Böhmen oder der Grafschaft Glatz oder Töplitz oder sonstwohin. Viele Grüße an die Kinder. Gott nehme Euch in seinen heiligen Schutz. Herzliche Grüße an die Mutter. Ist denn Amalien nun der Tod ihres Bruders bekannt? Er ist sehr glücklich gestorben. Eine Kanonenkugel nahm ihm den halben Kopf weg.

27. An die Gattin

Creyssau bei Schweidnitz, den 2. Juni 1813.

Was Augusts Wiederkehr zur Armee betrifft, so hängt solche lediglich von seiner Neigung zum Soldatenstand ab, wie ich ihm neulich schon selbst schrieb. Er mag die Laufbahn der Waffen, oder die der Studien fortsetzen, er hat hiezu die freie Wahl. Er hat die Greuelszenen menschlicher Leiden auf einem Schlachtfeld mit eigenen Augen gesehen, er mag sich nun selbst prüfen, ob seine Neigung zum Soldatenstand und zum Krieg stärker ist als der Abscheu davor. Fühlt er sich furchtlos genug, um der Gefahr kalt ins Auge zu sehen, und der Kriegerstand hat sonst noch Reize für ihn, so mag er darin verbleiben. Hat ihm der erste Versuch mißfallen, so will ich nichts dagegen haben, wenn er aus der Laufbahn der Waffen tritt. Wählt er indessen solche ferner, so hat es mit seiner Rückkehr zur Armee eben keine Eile; er mag solche verschieben, bis er völlig geheilt ist.

28. An die Gattin

Reichenbach, den 7. Juni 1813.

Es ist ein Waffenstillstand geschlossen worden, der 7 Wochen dauern soll. Ein Strich von Schlesien, der in der Gegend der Riesenkoppe anfängt und an der Oder sich endet, ist für neutral erklärt. Nach den Worten des darüber geschlossenen Traktats könntest Du also wieder in diesen neutralen Strich Landes zurückkehren, ich halte es aber doch für sicherer, daß Du dies nicht tust. Wohl aber bin ich der Meinung, daß Du vorjetzt nach Schlesien zurückgehest, vielleicht am besten nach der Grafschaft Glatz, in einen der dortigen Badeörter, die sich zwar etwas gefüllt haben sollen, wahrscheinlich nun aber sich wieder leeren werden. Doch überlasse ich alles Deinem Ermessen.

Ich für meine Person bin aus dem Blücherschen Hauptquartier zur Person des Königs berufen worden. Noch nahe ich selbigen nicht gesehen, denn er wohnt zu Neudorf, aber wir haben gestern hier bereits Beratschlagungen gehalten und in Zeit von einer Stunde gehe ich nach Neudorf ab. Ich werde wahrscheinlich eine andere Bestimmung erhalten und alle Verteidigungsanstalten in Schlesien unter meinen Befehl bekommen, eine Arbeit, vor der mir graut unter allen den verschiedenen schädlichen Einwirkungen, die ich aber dann übernehmen will, damit aus allen den vielen versplitterten Mitteln ein Ganzes werde und soviel Opfer nicht verlorengehen. Wo ich während dieses Geschäftes meinen Sitz haben werde, weiß ich noch nicht.

Dieser Waffenstillstand, der dem Feind weit nötiger und nützlicher ist, als uns, wird bei der Armee sehr übel aufgenommen werden. Ich bin sehr unmutig darüber, sowie über die Führung des Ganzen.

29. An Frau von Clausewitz

Reichenbach, den 7. Juni 1813.

Gnädige Frau!

Es kann Ihnen in den Verhältnissen, worunter Sie sich befinden, von Wichtigkeit sein, schnell zu erfahren, daß ein Waffenstillstand auf 7 Wochen ist geschlossen worden. Ein Strich Landes, hauptsächlich zwischen der Katzbach und dem Schweidnitzer Wasser gelegen, nebst der Stadt Breslau, ist für neutral erklärt. Ich halte demnach dafür, daß, wofern andere Gründe nicht ein anderes bestimmen, gerade der Krieg Sie und Ihre Frau Mutter nicht veranlassen könne, Ihre Wanderung fortzusetzen oder zu übereilen und daß Sie sich füglich in der Nähe der Armee aufhalten können. Ich habe meiner Frau gleichfalls heimgestellt, zurückzukehren, etwa nach der Grafschaft Glatz, oder sonstwohin. Ich erhalte eine andere Bestimmung und soll an die Spitze der eigentlichen schlesischen Verteidigungsanstalten gestellt werden. Zu dem Ende befinde ich mich bereits hier, um in Zeit von einer Stunde mich zu der Person des Königs in Neudorf, eine Stunde Weges von hier, zu verfügen. Bei dieser Gelegenheit werde ich einen ernstlichen Versuch machen, um Clausewitz als Chef meines Generalstabes wieder in preußische Dienste zu ziehen. Ich sage Ihnen dieses absichtlich, damit Sie ihre ferneren Schritte danach regeln, denn bei dieser neuen Bestimmung werde ich meinen Wohnsitz in irgendeiner Stadt nehmen und Sie würden sich dann vielleicht für die Dauer dieses (fatalen) Waffenstillstandes an demselben Orte zu wohnen entschließen. H. von Clausewitz war in Rappersdorf bei Strehlen, als ich ihn verließ.

Empfehlen Sie mich, gnädige Frau, Ihrer Frau Mutter und genehmigen Sie die Gesinnungen der Verehrung, womit ich [bin] – –

30. An die Gattin

Reichenbach, den 10. Juni 1813.

Meine neue Bestimmung ist mir endlich geworden. Neben meiner bisherigen Eigenschaft als Chef des Generalstabes der Blücherschen Armee sind mir übertragen 1. die Geschäfte des seitherigen Generalgouvernements von Schlesien, 2. der Befehl über die sämtlichen Landwehren Schlesiens, 3. die Leitung aller Defensionsanstalten von Schlesien. Vorderhand werde ich meinen Sitz wahrscheinlich in Peilau, unweit hier, nehmen und mich ab und zu in Neiße, Glatz, Silberberg und Schweidnitz aufhalten.

Es wird mir zum Vergnügen gereichen, Euch einmal wiederzusehen. Wie? kann ich in diesem Augenblicke noch nicht bestimmen. Alle Städte sind voll Russen. Vielleicht mittelst Du selbst einen Ort aus, wohin Du für einige Tage gehen kannst, um mir näher zu sein.

Die gekrönten Häupter kommen nicht zusammen, und von Friedensunterhandlungen ist noch nichts eingetreten. Hiezu ist es noch zu früh. Der Kampf ist noch nicht durchgefochten. Soviel große Opfer, als unsere Nation gebracht hat, dürfen nicht verlorengehen, ohne die Früchte dafür zu ernten. Unsere Armee ist in einem vortrefflichen Zustand und hat in der kurzen, heftigen Kriegszeit sich Erfahrung gesammelt. Unsere Landwehren sind ein vortreffliches Verteidigungsmittel, das ich in seinen ganzen Wert zu setzen mich bemühen werde. Die Russen erhalten Verstärkungen auf Verstärkungen. Mit solchen Kräften muß man in einem ungünstigen Zeitpunkt nicht Friede machen. Widerspreche daher diesem Gerücht.

31. An Hardenberg

Peilau, den 18. Juni 1813.

Es tut mir leid, daß der Staatsrat Scharnweber Ew. Exzellenz mit einer verdrießlichen Angelegenheit behelligt hat.

Das Betragen des Staatsrats Scharnweber ist übrigens offenkundig. Ich bin es nicht allein, der sich über ihn zu beklagen Ursache hat. Mögen Ew. Exzellenz hierüber Nachforschungen anstellen lassen.

In welchem insolenten Ton er gestern gegen mich gesprochen hat, mögen Ew. Exzellenz ermessen, da Sie ihn zum Teil schon kennen. Unbezweifelt steht mir das Recht zu, jemanden, der nicht im Range über mir ist, zu entlassen, noch mehr aber, eine unangenehme Diskussion zu enden. Wenn ich aber in meiner jetzigen Eigenschaft nicht das Recht haben sollte, jemanden, der meiner Aufforderung, mein Zimmer zu verlassen, Trotz entgegensetzt, zu verhaften, so wäre ich nur ein Schattenbild eines mit einer großen Gewalt ausgerichteten Staatsbeamten. Wenn ich diese Verhaftung nicht habe vollstrecken lassen, so ist dies Mäßigung; Mäßigung im Moment des höchsten Zornes aus Achtung gegen Ew. Exzellenz. Übrigens war Scharnweber gestern nicht von Ew. Exzellenz an mich abgeschickt; er kam nur aus Ungeduld hieher, um eine Beratschlagung zu beschleunigen, die ein von Ew. Exzellenz gegebenes Edikt umstoßen sollte.

32. An die Gattin

Peilau, den 20. Juni 1813.

Gerne, sehr gerne, hätte ich den Überbringer dieses Briefes begleitet, aber für jetzt ist gar nicht daran zu denken. Ich weiß nicht einmal, ob ich imstande sein werde, Euch zu einem Besuch bei mir einzuladen. Die schlechten Wege, die Schwierigkeit des Reisens, die des Unterkommens und die Unstetigkeit meines Aufenthalts schrecken mich hiervon ab. In diesem Augenblick bin ich im Begriff, nach Neiße zu gehen. Wie lange mich meine Geschäfte dort verweilen lassen werden, kann ich jetzt noch nicht bestimmen. Von dort gehe ich nach Glatz und Silberberg. Alle diese Punkte sind weiter entfernt von Liebau, als es Peilau ist, und meine Zeit ist auf dieser Reise noch beschränkter als hier.

33. An den Staatsrat von Hippel

Neiße, den 23. Juni 1813.

Geld, mein verehrter Freund, Geld tut mir dringend not. Es sind hier die schönsten Kräfte vorhanden, aber sie müssen in Wert gesetzt werden. 36 Bataillone und 38 Schwadronen habe ich gestern und heut hier gemustert; aber manchem fehlt es noch fast an allem, manchem an wenigerem; einige davon sind sogleich dienstfähig. Sowie sie nicht ausgestattet werden, können sie nur langsam in der Ausbildung fortrücken. Nehmen Sie sich daher dieser verwaisten Söhne des Vaterlandes und dieser wirklich großen Nationalangelegenheit an, und helfen Sie mir *sogleich* zu Gelde. Sie sollen Ihre Freude daran haben, wie es wuchern wird. Um den Geist nicht sinken zu lassen, ist es nötig, den Landwehrmännern, gleich den Feldtruppen, [1/3] ihres Soldes, den der Offiziere zum vollen Betrag, auszahlen zu lassen, weil es nicht gut ist, die Meinung in ihnen rege zu machen, als ob sie schlechter als die Linientruppen seien. Überdies fehlt es an so mannigfachen anderen Bedürfnissen. Ich lege Ihnen daher diese große Angelegenheit ans Herz. Gott befohlen!

34. An den Kammergerichtsrat Eichhorn

Patschkau, den 3. Juli 1813.

Lange habe ich nichts von Ihnen gehört, mein teurer Freund. Ich vermute Sie bei den Landwehren oder in deren Gcneralstab. Diese Schöpfung vervollkommt sich endlich trotz der Schwierigkeiten, die der Unverstand ihr in den Weg gelegt hat. Ich sehe meinen Lieblingsplan zur Reife gedeihen. Ohne diese Landwehren, wo wären wir nun. Durch sie soll der Staat gerettet werden, denn sie geben uns das Mittel, unsere Armee zu verdreifachen. 50 000 Mann derselben haben wir in Schlesien aufgestellt. Ich bin nun damit beschäftigt, diese verwaisten Söhne des Vaterlandes auszurüsten und zu kleiden. Zwei Dritteile davon sollen mit ins Feld rücken; ein Dritteil die Festungen besetzen. Streitmittel sind genug vorhanden, wenn man nur Entschlossenheit genug hat, sie zweckmäßig zu gebrauchen.

Gibsone hat Ihnen, wie er mir schreibt, einige Sachen für mich eingehändigt. Wären Sie in Berlin und unser Gerlach noch dort anwesend, so bitte ich Sie, diese Sachen ihm einzuhändigen, er wird die Güte haben, mir solche mitzubringen. Gott erhalte Sie. Ihr treuergebener

N. v. Gneisenau.

35. An Hardenberg

Glatz, den 20. Juli 1813.

Mehrere Nachrichten, die mir auf verschiedenen Wegen zukommen, überzeugen mich täglich mehr von der Nützlichkeit des Landsturms und selbst von der Willigkeit mehrerer Bezirke, sich den desfallsigen Einrichtungen zu fügen. Aus den angelegentlichen Erkundigungen der Feinde nach dem Fortgang dieser Verteidigungsanstalt läßt sich auf die Wichtigkeit schließen, die man ihr gibt; und schon allein aus der Meinung, die er davon hat, ließe sich ein hinreichender Grund hernehmen, das Landsturmedikt in keinem einzigen seiner Paragraphen zu ändern, sondern die Beurteilung der Anwendbarkeit den Militärbefehlshabern zu überlassen.

In den vom Feinde besetzten Distrikten Schlesiens hauen die feindlichen Truppen besonders übel auf den Gütern der ausgewanderten Staatsbeamten und der in die Landwehr getretenen Individuen. Sie zwingen die Amtleute, Schulden auf die Güter ihrer Herren zu machen. Diesem Unfug kann ganz einfach dadurch gesteuert werden, wenn ein Gesetz erlassen wird, das alle solche für Bewirtung der feindlichen Truppen oder zum Behuf der vom Feinde geforderten Kontributionen gemachten Schulden für erzwungen und illegal erklärt. Ein solches Gesetz sichert die Gutsbesitzer vor dem Untergang und erschwert dem Feinde die Möglichkeit, die Kräfte des Landes zu seinem Vorteil zu nützen.

36. An Hardenberg

Frankenstein, den 28. Juli 1813.

Ew. Exzellenz haben immer Ihren bittersten Feinden verziehen; Sie werden daher auch gerne dereinst einem verkannten Freunde Gerechtigkeit widerfahren lassen. Rechtfertigungen und Klagen sind vielleicht jetzt nicht zeitgemäß, erlauben Ew. Exzellenz mir daher zu schweigen. Sie sind jetzt gegen mich zu eingenommen. Die Zukunft wird alles ins klare stellen. Verehrungsvoll Ew. Exzellenz

ganz gehorsamster Diener N. v. Gneisenau.

37. An den König

Frankenstein, den 29. Juli 1813.

Euer Königliche Majestät haben geruhet, mir die Stelle eines Generalquartiermeisters der Armee allergnädigst zu übertragen. So sehr ich mich durch einen solchen Beweis des Königlichen Vertrauens zur lebhaftesten Dankbarkeit befeuert fühle, so gebietet mir doch meine Pflicht, Eurer Königlichen Majestät unverhohlen zu sagen, daß ich die für diesen Posten erforderlichen Fähigkeiten und Kenntnisse nicht besitze. Unter der Oberleitung des Generals v[on] Scharnhorst, und bei der Unterstützung einsichtsvoller Freunde, konnte ich wohl einigermaßen dem Generalquartiermeisterposten eines kleineren Armeekorps vorstehen, aber die so höchstwichtigen Geschäfte eines Generalquartiermeisters für eine so große Armee in einem so hochwichtigen Moment zu übernehmen, dafür fühle ich meine Kräfte unzureichend.

Wenn E.K.M. unter Ihren Dienern umherblicken wollen, so werden Allerhöchstdieselben manchen darunter finden, der weit besser als ich für einen so wichtigen Posten ausgerüstet ist. Unter denen höheren Ranges führe ich namentlich den General v. Knesebeck an. Ich werde mich sehr geehrt fühlen, wenn E.K.M. mir den Befehl über eine Brigade gnädigst anvertrauen wollen, und werde weit ruhiger dabei sein, wenn ich nur die mir erteilten Befehle auszuführen habe, als wenn ich für Anordnungen haften muß, die von mir herrühren und die vielleicht an und für sich unvollkommen oder unglücklich sind, oder die ich nur unvollständig auszuführen imstande bin.

Die mannigfachen verwickelten Verhältnisse mit den die Angelegenheiten leitenden Personen machen es überdies sehr zweifelhaft, ob ich Euer Majestät Dienst in der mir übertragenen Eigenschaft nützlich werde sein können. Ich darf ferner voraussetzen, daß ich die Gunst des Generals Barclay de Tolly und des Chefs seines Generalstabs, des Generals Sabunéief, nicht besitze, und ich fühle mich wenig gestimmt, Euer Majestät Armee etwas zu vergeben.

Alle diese wichtigen Bedenken unterwerfe ich vertrauensvoll Euer K. Majestät Prüfung, und ich werde glauben Allerhöchstdenenselben einen wichtigen Dienst geleistet zu haben, wenn meine

Gründe Euer K. Majestät gewichtig genug scheinen, um Allerhöchstdero Entschließungen danach abzuändern.

38. An den Major Kehler

Glatz, den 3. August 1813.

Der Krieg bricht wieder aus. Der Kaiser Alexander hat heute gegen den General Blücher seine Ehre verpfändet, daß der Waffenstillstand nicht verlängert werden, sondern vielmehr ohne sechstägige Aufkündigung sich endigen wird. In wenigen Tagen schon werden die Bewegungen der russischen Truppen angehen. Mehrere wichtige Bestimmungen, worüber ich des Königs Entscheidung einholen muß, haben mich veranlaßt hierzubleiben, und sogleich an die Arbeit zu gehen. Ich ersuche Sie demnach, mit dem sämtlichen Personale morgen vormittag den 4. d. hier einzutreffen und dem Herrn Rittmeister v. Wolzogen und Hauptmann Stosch ebenfalls wissen zu lassen, zu selbiger Zeit bei mir eintreffen zu wollen, wenn, anders letzterer nicht wegen Verteilung von Rekruten, wegen Pferden dort nützlicher zu sein glaubt.

Den Herrn Obristleutnant v. Grolman lassen Sie wissen, daß seine Bestimmung ist, daß er den General Barclay de Tolly begleite, weil dieser ihn durchaus verlangt. Er verliert also nichts von einer besser anzuwendenden Zeit, wenn er sich ebenfalls hierher verfügt, da noch so manches abzureden ist.

Mein Sekretär, der freiwillige Jäger König, soll meine Schriften zusammenpacken und mit hieherbringen. Die Ordonnanzen werden wohl den Rest meiner Effekten einpacken und mitnehmen.

Wenn königliche Briefe gekommen sind, so bitte ich Sie, selbige sogleich durch eine Ordonnanz hieherzusenden, damit ich sie morgen in aller Früh erhalte.

Den Herrn Präsident Merckel bitte ich von der Gewißheit der Endigung des Waffenstillstandes zu unterrichten, damit er seine Maßregeln danach nehme.

An meinen Sohn in Strehlen lassen Sie gütigst die Nachricht gelangen, daß er sich sofort aufmache – wenn sein Pferd noch krank ist, dann zu Wagen – und hieher komme. Er soll noch von seiner Mutter Abschied nehmen.

39. An die Gattin

Schwenting, den 14. August 1813.

Der Major von Kehler wird 400 Taler an Dich haben gelangen lassen. Dieses Geld soll als ein Notpfennig für mich angesehen werden, worüber ich mir die Disposition vorbehalte, wenn ich etwa Unglück mit Pferden oder sonst haben sollte; dies hindert aber nicht, daß auch Du für dringende Bedürfnisse, aber nur für solche, davon nimmst; nur bezahle davon nichts in das Gut oder für Anleihen, Steuern usw.

Da Reinerz, wie ich von mehreren vernehme, ein ungesunder Ort ist, so wünsche ich, daß Du Dich von dort wegbegibst und etwa nach Landeck gehest. Dieser Ort ist durch die Entfernung des Hofes nun leerer geworden, und Du kannst dort ganz angenehm den Herbst zubringen, der daselbst sehr schön ist. Gesellschaft wird immer noch dort bleiben, folglich Ihr nicht Langeweile haben.

Die Bewegungen der hiesigen Armee gehen heute an. Die Feinde vereinigen sich. Die meisten Nachrichten sagen, daß sie Schlesien zu verlassen im Begriff sind. Indessen muß man sich auch auf das Gegenteil gefaßt machen. In jedem Fall werden wir ihnen das Geleite geben.

Dem Schreiber in Altschönau lasse wissen, daß, wenn er sich als reitender Freiwilliger Jäger kleiden kann, so will ich ihm das Traktament eines solchen aus meiner Tasche geben und ihm ein Pferd halten. Dafür soll er in meinem Gefolge sein und die Arbeiten, die ich ihm übertragen werde, machen. Will er auf diese Weise den Feldzug mitmachen, so mag er zu mir kommen.

Grüße an Amalie und Kinder. Hugo meine Glückwünsche zum Geburtstage. Gott erhalte Euch.

40. An Eichhorn

Für Ihre Güte, womit Sie mir, bei Ihren überhäuften Geschäften, von Zeit zu Zeit Nachricht von sich und von Ihren Geschäften gegeben haben, kann ich Ihnen nicht genug danken. Wenn meine Antworten nicht immer sogleich, oder gar nicht, oder nur kurze erfolgten, 5o darf ich auf Ihre Nachsicht rechnen. Auch ich war in der gespanntesten Tätigkeit, die mir kaum erlaubte, an meine Freunde zu denken, und auch jetzt würde ich nicht die Zeit haben, an die Abfassung dieses Briefes zu gehen, wenn ich mich nicht gerade auf den Vorposten befände.

Der Krieg ist wieder begonnen, und die ersten Schüsse sind bereits gefallen. Ein Detachement, das die Feinde auf das neutrale Gebiet geschickt haben, um Requisitionen zu machen, hat der Blücherschen Armee das Recht gegeben, vorzurücken. Selbige steht heute bei Striegau und die Avantgarde hinter hiesigem Ort. Alle Anstalten des Feindes deuten auf dessen Rückzug: die unsrigen werden gemacht, ihm das Geleite zu geben. Will das Glück uns wohl, so sollen Sie nächstens von uns hören. Seit 20 Jahren sind unter den gegen Frankreich verbündeten Mächten dumme Streiche gemacht worden; der dümmste von allen war der seitherige Waffenstillstand. Was indessen während desselben von uns geschehen ist, gibt uns die Mittel, diesen groben Fehler zu verbessern. Wir haben eine große Macht aufgestellt. 270 000 Mann stehen jetzt an preußischen Truppen unter den Waffen, und wenn die anderen Provinzen auf gleiche Weise angestrengt werden als Schlesien, so können wir nächstens über 300 000 Kombattanten zählen. Unsere Anstrengungen und unser Mut stellen uns demnach den großen europäischen Mächten gleich, und Gott gebe, daß unsere Einsicht und Ausdauer uns die mühsam erklommene Höhe sichern.

Es ist seitdem manches in Berlin geschehen, was ich nicht billige, und eine offenbar schlechte Partei hat einen kurzen Sieg erhalten. Leute mit bösem Gewissen sehen Gespenster, und es ist kein Wunder, daß solche Bösewichter die Verachtung, womit rechtliche Leute sie behandeln, für revolutionäre Gesinnung ausschreien. Man muß ihnen die Ruhe des guten Gewissens entgegensetzen. Die Zeit wird alles läutern. Der Staatskanzler, der sein Ohr in diesem Augenblick dieser Partei geliehen hat, wird sicherlich von seinem Irrtum zurückkommen. Überhaupt ist jetzt nicht die Zeit, mit häuslichen Streitigkeiten sich abzugeben, während der Feind noch einige Zimmer des väterlichen Hauses inne hat, aus denen die Familie ihn treiben muß. Haben wir das Haus gereinigt, dann wollen wir das Gesindel nicht verfolgen, aber wohl herzlich verachten. Dieses ist ihnen empfindlicher als jenes.

Nun lassen Sie mich ein Wort über Ihre Anstellung bei mir reden. Der König hat sich tadelnd ausgelassen über einige in das Hauptquartier gezogene Individuen des Militärstandes. Ich hätte daher gern gesehen, daß Ihr Freund S. in das Hoflager zu Landeck gegangen wäre, um mit A. über diese Anstellung zu reden und selbige dort einzuleiten. Der König hat uns die Stellen im Hauptquartier so karg zugemessen, daß wir nicht wissen, wie wir die Arbeiten bestreiten sollen. Der General Rauch und ich haben daher eine Vorstellung an den König eingegeben und um Vermehrung des Personals gebeten. Eine Antwort hierüber ist uns noch nicht geworden. Bis diese nicht eingeht, kann in Ansehung Ihrer ein Antrag nicht gemacht werden. Wie wünschenswert es für mich wäre, Sie in meiner Nähe zu haben, darf ich Ihnen wohl nicht erst versichern. Auch war unser Hauptquartier, und ist es zum Teil noch, sehr gut, und selbst genial zusammengesetzt; auch gab es da weder Uneinigkeit noch Intrige. Aber wir haben seitdem Clausewitz und Grolman verloren, und diese Männer sind nicht leicht zu ersetzen.

Leben Sie wohl, mein teurer Freund, und möge ich die Freude haben, Sie bald mündlich zu begrüßen. Gott befohlen!

41. An Hardenberg

Jauer, 25. August 1813.

Endlich ist mir ein freier Augenblick geworden, um Ew. Exzellenz zu sagen, daß wir den Feldzug mit Tätigkeit eröffnet haben und die uns gestellte schwierige Aufgabe: den Feind nicht aus dem Auge zu lassen, ihn stets zu beschäftigen, Gefechte mit ihm einzuleiten, und dennoch einer Schlacht auszuweichen, bis jetzt erfüllt ist.

Den 15. betraten wir das neutrale Gebiet, den 19. fielen die ersten bedeutenden Gefechte vor. Von da an haben wir in 5 Tagen sieben große Gefechte gehabt. Sobald uns Gefahr drohte, in einer unserer Flanken umgangen zu werden, so brachen wir das Gefecht ab. Am 21. wollte uns der Feind zu einer allgemeinen Schlacht bringen (bei Löwenberg), wir brachten aber nur die Avantgarde und einen Teil der Brigade des Prinzen von Mecklenburg ins Feuer. Unsere übrigen Massen, russische und preußische, hielten wir zurück und zogen sie, da der Feind mit Übermacht gegen den bei Bunzlau aufgestellten General Sacken vordrang und selbigen zum Rückzug nötigte, in die Gegend des Gröditz-Berges unverfolgt zurück. Der Feind hatte seinen Zweck verloren. Sechs Armeekorps hatte er an diesem Tage gegen uns versammelt. Den Abend des 22. gingen wir hinter die Katzbach eine Meile weit zurück. Goldberg behielten wir besetzt. Für den 23. hatten wir bereits die Disposition zum Angriff des Feindes entworfen. Wir wollten den bei Goldberg vorgedrungenen Feind umfassen. Eben im Begriff dies auszuführen, griff der Feind selbst uns bei Goldberg an, während er 50 000 gegen Liegnitz gehen ließ. Unsere Bestimmung machte uns Behutsamkeit zum Gesetz. Die russische und preußische Arrieregarde und abermals die Brigade von Mecklenburg allein kamen zum Gefecht. Der Rest wurde außer dem Feuer gehalten. Der Prinz von Mecklenburg zeichnete sich hiebei durch hohen Mut aus. Er nahm selbst eine Fahne in die Hand und setzte sich damit an die Spitze seiner weichenden Bataillone und behauptete sich in seiner Stellung. Die preußische Kavallerie hatte hiebei ein überaus glänzendes Gefecht mit der feindlichen Reiterei, die der unsrigen vielfach überlegen war und soeben zwei von unsren Bataillonen niedergeworfen hatte. Die russischen Generale sprechen mit Bewunderung von diesem Gefecht.

Am Abend dieses Tages gingen wir mit unsern Massen in die Stellungen von Seichau und Profen zurück, die fernere Entwicklung der Begebenheiten erwartend.

Gestern erhielten wir die Nachricht, daß der Feind Liegnitz und die Gegend daherum wieder verlassen und seinen Rückzug nach Haynau genommen hat. 7 000 Mann Kavallerie sind ihm sogleich nachgesetzt, und heute, sowie genauere Nachrichten von unsren Vorposten einkommen, soll die ganze Armee ihm folgen. Goldberg und dasige durchschnittene Gegend hält er noch besetzt.

Setzt der Feind seinen Rückzug nach Sachsen fort, so ist es offenbar, daß er gegen uns seinen Zweck verloren hat. Er hat uns mit seiner Übermacht zu keiner Schlacht bringen können und die teilweisen Angriffe haben ihm viel Blut gekostet. Selbst unser Verlust ist nicht gering. Sein Rückzug kann ihm noch viel kosten. An Tätigkeit bei uns, Nutzen davon zu ziehen, soll es nicht mangeln.

Erlauben Ew. Exzellenz mir nun die ausgezeichneten russischen Generale zu nennen, damit Sie davon gegen seine Majestät den Kaiser erwähnen können.

Allen steht voran der General Sacken, Befehlshaber eines kleinen Armeekorps. Es ist nicht möglich, tätiger, pünktlicher, einsichtsvoller und entschlossener zu sein als er es ist. Immer führt er mit Präzision die ihm vorgeschriebenen Bewegungen aus, und wo ihm Befehle nicht zukommen können, da tut er immer sogleich das zweckmäßigste. Das ist der Mann, der an die Spitze einer Armee gesetzt werden muß. Wir im Hauptquartier, die ihn durch seine Anordnungen näher haben kennenlernen, sprechen nur mit Bewunderung von ihm.

Der zweite ist der General Rudjewitsch. Bei Zobten unweit Löwenberg war er, abgeschnitten durch feindliche Übermacht, in einer so gefährlichen Lage, daß tausend andere Generale verzweifelt hätten. Mit hohem Mut und Besonnenheit ordnet er seine Truppen, weist alle Angriffe des Feindes ab und begibt sich geschlossen, unangetastet und langsam auf das diesseitige Boberufer zurück.

Der dritte ist der General Graf Witt. Die seltenste Tätigkeit, der vortrefflichste Wille und eine Fülle mili- ärischer Einsichten zeichnen diesen General aus und sein Mut führt ihn immer dahin, wo Gefahr ist.

Mehrere russische Generale sind gewiß bei der hiesigen Armee vorhanden, die ausgezeichnet durch Talente und Mut sind, aber noch kenne ich sie nicht hinreichend, um sie näher zu bezeichnen.

42. An die Gattin

Hauptquartier Brechtelshof, den 26. August 1813.

Durch Estafette.

Wir haben heute einen vollständigen Sieg an der Katzbach erfochten. Eben als wir im Begriff waren, gegen diesen Fluß vorzurücken, um den Feind anzugreifen, griff dieser selbst den russischen General Langeron bei Peterwitz an und drang zu gleicher Zeit gegen uns vor. Wir hielten mit unserem Angriffe inne, stellten unsere Kolonnen verdeckt auf (bei Brechtelshof), ließen dem Feind nur unsere Avantgarde sehen und begannen mit dieser das Gefecht. Sowie der Feind über das Defilee der Katzbach mit mehreren Kolonnen vorrückte, gingen wir mit unseren Brigaden vor, und der tapfere, einsichtsvolle General von Sacken deckte unsere rechte Flanke. Bald engagierte sich ein längeres Kavalleriegefecht. Die Massen der Infanterie gewannen Raum, trieben den Feind vor sich her, und warfen ihn endlich die steilen Abhänge der Katzbach hinunter. Das Gefecht dauerte von Mittag bis nachts. Es ist jetzt Mitternacht. Wir haben viel Geschütz erobert, kenne aber noch nicht die Anzahl desselben. Die Schlacht begann bei Brechtelshof, und endigte unweit Kroitsch an der Katzbach. Morgen gehen wir bis an die schnelle Deichsel bei Pilgramsdorf vor.

August habe ich mit einem Auftrag an den General v. Sacken während der Schlacht weggeschickt. Er ist in diesem Augenblick (Mitternacht) noch nicht zurück. Ich hoffe, er ist gesund. Grüße Amalie und Kinder. Gott befohlen.

43. An Clausewitz

Goldberg, den 28. August 1813.

Mein teurer Freund.

Wir haben vorgestern eine schöne Schlacht gewonnen; entscheidend, wie die Franzosen noch nie eine verloren haben.

Den 19. d. hatten die Feindseligkeiten mit einem heftigen Gefecht bei Löwenberg begonnen, nachdem bereits der General Sacken mehrere Gefechte der zweiten Ordnung gehabt hatte. Am 21. wollte uns der französische Kaiser bei Löwenberg zu einer allgemeinen Schlacht bringen und uns während derselben über Bunzlau in Flanke und Rücken gehen. Wir wichen aus und zogen, mit unsern Arriergarden stets fechtend, gegen Lauterseifen zurück. Der Feind folgte uns des anderen Nachmittag, aber kraftlos. Dieses gab uns die Vermutung, daß er Truppen aus der Armee vor uns weggezogen habe. Wir gingen bis Goldberg, um unsere rechte Flanke, die noch immer bedrohet war, zu sichern. Am 23. entspann sich bei Goldberg ein sehr heftiges Gefecht, doch abermals nur mit unsern sämtlichen Arriergarden und der Brigade Mecklenburg. Als Graf Langeron in der linken Flanke durch den Verlust des Wolfsbergs genommen war, traten wir unseren Rückzug bis hinter Seichau an. Yorck (der Elende) wich aber in der Nacht bis eine Meile hinter Jauer zurück. Langeron konnte mit Mühe in seiner vortrefflichen Stellung erhalten werden. Am 25. machten wir einen Entwurf, über die Katzbach zu gehen und dem Feind zwischen Liegnitz und Goldberg ins Zentrum zu gehen. Die Disposition war bereits ausgegeben, die preußischen Truppen nebst Sacken im Marsch; das Hauptquartier um 9 Uhr des Morgens schon in Brechtelshof, als Langeron in seiner festen Stellung hinter dem Dorfe Hennersdorf kanoniert wurde. Wir hielten mit dem Marsch inne und wollten die Dinge sich näher entwickeln lassen. Bald kam die Meldung von unsern Vorposten, der Feind rücke an gegen uns.

Schnell machten wir unsere Anstalten. Hinter sanften Höhen verbargen wir unsere Armee und ließen nur unsere Avantgarde auf der weiten Ebene am rechten Ufer der wütenden Neiße. Die Punkte für einige Batterien wurden schnell genommen.

Mittlerweile hatte der Feind den Graf Langeron von Stellung zu Stellung geworfen. Dieser konnte nicht Widerstand tun, indem der Elende sein sämtliches Geschütz, bis auf 30 Sechspfünder, zwei Meilen weit zurückgeschickt hatte, nur um sich nicht zu schlagen, was er fast stets verweigerte. Seine linke Flanke war ihm bereits von Hermsdorf her genommen, und nun wollte der Feind dessen rechte Flanke umgehen, um ihn vollends aus seiner Stellung an der wütenden Neiße zu stürzen, wo das ganze Korps aufgelöst worden wäre. Die Flüchtlinge hätten sich dann bei Jauer, sofern wir dort geblieben wären, auf uns geworfen, und wir waren ohne Rettung verloren. Unser Entwurf zum Angriff und der Umstand, daß wir zeitig marschiert gewesen waren, retteten uns vom Verderben. Wir konnten nun mit Ruhe unsere Dispositionen machen. Der Feind war über die Katzbach herübergekommen und hatte nun das Defilee in seinem Rücken. Er ging nun auf unsere Avantgarde los. Schnell ließen wir drei Brigaden aus ihrem Hinterhalt hervorbrechen und mit dem Bajonett auf den Feind losgehen. Der Regen war unaufhörlich; der Sturm schlug uns ins Gesicht. Die Infanterie zeichnete sich durch hohe Tapferkeit aus. Ein langes unentschiedenes Kavalleriegefecht in einer Linie entspann sich. Wir brachten neue Schwadronen heran. Einige unserer Bataillonsmassen, darunter ein Bataillon Landwehr, vernichteten eine starke feindliche Infanteriemasse. Wir brachten mehr Geschütz vor. Der General Sacken hatte eine Linksschwenkung gemacht; wir preßten den Feind in einen engern Raum. Er ward an den steilen Talrand der wütenden Neiße und der Katzbach mit seinen Rücken angeklemmt, und schlug sich um seine Rückzugsstraße. Seine Reiterei verchwand; wir dirigierten mehr Infanteriemassen gegen eine Linie und eine starke Infanteriemasse, die noch Widerstand tun wollten; und nachdem wir selbige mit einigen Stücken Geschütz kartätscht und mit Tiralleurs geängstigt hatten, ließen wir eine Bataillonsmasse auf sie losgehn und sie vollends den steilen Talrand hinunterstürzen. Alle Kriegsfuhrwerke flohen in der wildesten Flucht und an dem Rand und dem steilen Abhang lag alles in der Unordnung des Schreckens. Die Nacht brach ein; von unserer Kavallerie konnte nur wenig gesammelt werden. Sie setzte nicht nach, weil sie ihr Handwerk nicht mehr versteht.

Der Befehl ward erteilt, daß die Armee um 2 Uhr nachts dem Feinde folgen sollte. Die Befehlshaber konnten zum Teil nicht gefunden werden, andere hatten nicht Lust. Erst des anderen Morgens gegen Mittag ging die Avantgarde über den Fluß und die Brigade Horn folgte. Graf Langeron ward gerettet, indem einige Bataillons von unserer Brigade Steinmetz über die wütende Neiße gingen und den Feind in die linke Flanke nahmen.

Ohngeachtet, daß die Menschen nicht verstehen, einen erfochtenen Sieg zu benutzen, so sind die Resultate des unsrigen dennoch groß, soviel sie bis jetzt bekannt sind. Etwa 60 Kanonen, 200 Pulverwagen und Feldschmieden (letztere allein 8), 6 000-7 000 Gefangene sind die Früchte des Sieges. Was wir auf unserem Marsche von Eichholz hieher gesehen haben an Leichnamen, Kriegsfuhrwerken usw., und was wir über die Unordnung und Zusammensetzung der Arriergarde, die aus allen Flüchtlingen mehrerer Regimenter besteht, gehört haben, beweist uns, daß Macdonalds Armee gänzlich aufgelöst ist. Wir sind gestern durch die angeschwollenen Gewässer bis an die Brust gegangen; wir hoffen, den Feind am Bober zu finden, und diesen Fluß vielleicht so angeschwollen, daß sie nicht sich retten können. Eine Division hat bereits bei Hirschberg nicht über den Fluß kommen können und mußte ihren Weg am unfahrbaren rechten Ufer des Bobers nehmen. Nach einem aufgefangenen Briefe des Divisionsgenerals haben sich drei Viertel derselben bereits in die Wälder verlaufen. Ich lasse die Sturmglocke ziehen, um die Bauern gegen sie aufzubieten.

Der Plan des franz[ösischen] Kaisers war, uns zu schlagen, dadurch einen Eingang in Böhmen zu gewinnen und sodann konzentrisch in dieses Land einzuziehn im Rücken der großen Armee. Wir haben diesen Plan vereitelt und eine große Armee vernichtet. Wir hatten gegen uns das Korps von Ney, jetzt Souham, Macdonald, Lauriston, Bertrand und das Kavalleriekorps von Sebastiani. Was von mir abhängt, soll geschehen, um diese Armee vollends zu vernichten. Der Graf von St. Priest soll von Hirschberg über Greiffenberg, Marklissa gegen die Straße von Lauban nach Dresden vordrücken und Neuperg soll sich dort mit ihm vereinigen.

Diese Schlacht ist der Triumph unserer neugeschaffenen Infanterie. Ich habe keine Traineurs derselben im tiefsten Gewühl der

Schlacht gesehen. Alle Bataillons standen auf den hervorspringenden Punkten des Terrains in vollen Vierecken.

Ein Landwehrbataillon v. Thiele ward von feindlicher Reiterei umringt und aufgefordert, sich zu ergeben. Es feuerte; nur ein Gewehr ging los. Dennoch ergaben die Landwehrmänner sich nicht; Nein! Nein! schrien sie, und stießen mit den Bajonetten. Einen Augenblick war unsere Kavallerie geschlagen und schon hatte sie eine halbe Batterie verloren. Alles ward durch Unterstützungen wiedergutgemacht. Die Schlacht hatte das ganze Ansehen einer antiken. Das Feuer während derselben schwieg gegen Ende des Tages ganz, bis wir durch den durchweichten Boden wieder Geschütz herberufen konnten. Nur das Geschrei der Streitenden erfüllte die Luft; die blanke Waffe entschied.

Yorck hatte abermals alles für verloren gehalten. Wir sind verloren! schrie er. Jeder will sich Lorbeeren sammeln. Wir gehen zugrunde; der Sieg wurde mir aus der Hand gerissen, und solche Reden mehr. Und dennoch stand unsere ganze Infanterie in schönster Ordnung. Der Marsch von hinter Jauer sollte nicht gemacht werden. Man fatiguiere die Truppen ohne Zweck, hieß es. So mußten wir diesen Sieg erzwingen. Das Glück war uns hold, und die gerechte Sache siegte trotz allen Mißgünstigen.

Empfehlen Sie mich, mein teurer Freund, Ihrer Gemahlin und bleiben Sie gewogen Ihrem überglücklichen Freund

N. v. Gneisenau.

Wie schwierig meine Lage ist, können Sie denken. Blücher will immer vorwärts und hält mich für zu behutsam; Langeron und Yorck zerren mich wieder zurück, und halten mich für einen verwegenen Unbesonnenen. Glück! sei mir ferner hold!

44. An die Gattin

Hohlstein bei Löwenberg, den 30. August 1813.

Ich hoffe, daß Du Augusts Brief erhalten hast, worin er Dir Nachricht von den Resultaten unserer Schlacht an der Katzbach gibt. Selbige mehren sich stündlich. 80 Kanonen, 300 Pulverwagen, etwa 15 000 Gefangene, mehrere Adler sind unser. Gestern, hier in der Nähe, wurde noch eine ganze Division vernichtet, die über den angeschwollenen Fluß nicht kommen konnte. Sie wurden mit Kartätschen beschossen, mit dem Bajonett angegriffen, ein Teil in den Fluß gestürzt, der Rest, Generale und Offiziere, gefangengenommen. Von der 80 000 starken Armee des Marschalls Macdonald sind etwa noch 10 000 Mann vorhanden. Wir haben Anstalt getroffen, daß auch diese vernichtet werden. Die Straßen zwischen der Katzbach und dem Bober liefern das Bild der Vernichtung einer zahlreichen Armee.

Wir gehen nun nach Sachsen, um dort einen neuen Feldzug gegen die französische Armee zu beginnen. Die schlesische Armee hat sich hochverdient um die gute Sache gemacht; in 8 Tagen 7 große Gefechte und eine Schlacht geliefert, mit Entbehrungen gekämpft; im Schlamm die Nächte, zum Teil barfuß zugebracht; durch angeschwollene Regenbäche gewatet; sich tapfer geschlagen, So ist der Soldat ein ehrwürdiges Glied der menschlichen Gesellschaft.

Gott erhalte Euch. Viel Grüße an Amalie und Kinder. August ist wohl.

45. An die Gattin

Radmeritz, unweit Görlitz, den 9. September 1813.

Wir stehen hier mit unserm Hauptquartier in einem Fräuleinstift, und wohnen alle mit selbigen in *einem* Schlosse, teilen den Tisch mit ihnen, aber nicht Bette, so viel *mir* wenigstens bekannt ist. August ist mit meinem Jäger auf die Entenjagd gegangen, ein Beweis, daß er gesund und wohlbehalten ist.

Wir waren bereits bis über Görlitz hinaus vorgedrungen, als uns auf einmal Napoleon mit seiner Hauptmacht von Königstein aus entgegenkam und uns zu einer Schlacht verleiten wollte. Es lag dies weder in unserm Plane, noch in unsern Instruktionen. Wir wichen daher durch einen Marsch hinter die Neiße aus. Napoleon, als er gewahr ward, daß wir nicht in die Falle gingen, eilte wieder nach Dresden zurück und stellte uns drei Armeekorps und ein Kavalleriekorps entgegen. Wir nahmen solche heut in der rechten Flanke, und in diesem Augenblick sind solche in vollem Rückzug gegen Dresden. Wir werden nicht weit folgen. Höhere Pläne halten uns vorerst in hiesigen Gegenden zurück; ein Vorsatz, der unsere keuschen Fräulein erschreckt.

Bei Dresden hatten am 26. und 27. August unsere Waffen Unfälle erlitten, mehr durch Mißverständnisse oder Mangel an Einverständnis, als durch eine Überlegenheit feindlicher Waffen. Der König hat alles, was andere verdorben haben, wiederhergestellt. Die russischen Garden, 8 000 M[ann] stark, schlugen sich gegen 40 000 Franzosen mit höchster Tapferkeit und hielten deren Anfall mutig aus.

Des anderen Tages gingen die Preußen diesen Franzosen in den Rücken, und nun wurden diese von allen Seiten zugleich angegriffen. Man kann mir das Blutbad nicht gräßlich genug beschreiben, das das Geschütz unter den zwischen den Bergen steckenden Franzosen anrichtete. Leichen und Verstümmelte lagen übereinander zu Haufen. Nur ein Teil der Kavallerie entkam. Der Rest wurde getötet oder gefangen. Viele wurden in die unwegsamen Gebirge in der Nähe von Töplitz gesprengt, wo die Bauern selbige aufgreifen. – In Dresden, Bautzen und dem Umkreis der französischen Armeen ist die größte Not.

Danke der Agnes für ihren Brief. Grüße Amalie und die Kinder. Gott erhalte Euch.

46. An die Gattin

Bautzen, den 23. September 1813.

In einer so langen Ruhe als jetzt haben wir uns in diesem so taten-
reichen Kriege nicht befunden. Die vorteilhafte Stellung des Feindes
auf beiden Ufern der Elbe und das befestigte Dresden sind hieran
Ursache. Es bereitet sich indessen ein neuer Akt des großen Trauer-
spieles vor, und wenn nur die Schauspieler auf unserer Seite ihre
Rollen gut ausfüllen, so soll, hoffe ich, das Stück einen guten Aus-
gang nehmen.

August ist wohl und munter. Ich hoffe, daß er nicht, wie du in
Deinem Briefe an ihn befürchtest, verwildere. Er ist fast immer in
guter Gesellschaft. An meinem Tisch speisen mehrere von denen,
die vorher als Gelehrte oder in Staatsämtern lebten und jetzt erst die
Waffen ergriffen haben. Die Unterhaltung derselben gehört also
unter die gewählteren. Eine solche Gesellschaft ist oft unterrichten-
der als Bücher, obgleich ich wohl wünschen möchte, August fände
an letzteren etwas mehr Geschmack als an Pferden.

47. An Hardenberg

Es liegt mir ob, Ew. Exzellenz aufmerksam zu machen auf den Geldmangel, worunter die hiesige Armee leidet, und auf die üblen Folgen, die dieses hervorbringt. Unter diesem Geldmangel leidet hauptsächlich der Subalternoffizier, er, der in den neuern Kriegen der Beschwerden und der Entbehrungen so viele zu tragen hat. Es mangelt ihm das Geld, womit er seine Stiefel besohlen oder andere Kleidungsstücke sich flicken lassen könnte. Man ist genötigt, dieses auf Requisition zu tun! Daß dieses den Offizier empöre, läßt sich denken. Man spricht von englischen Subsidien, und niemand sieht Geld. Ew. Exzellenz Feinde sind hierbei sehr tätig, um das Mißvergnügen der Entbehrenden zu steigern. Bei dem Interesse, das heutzutage fast jedermann an den Individuen der Armee nimmt, kann es nicht fehlen, daß die Briefe der Offiziere, die ihre Not klagen, nicht die Teilnahme ihrer Angehörigen und Freunde erregen. Ich beschwöre daher Ew. Exzellenz, diesem Gegenstand Ihre Aufmerksamkeit zu schenken und dafür zu sorgen, daß den Offizieren, die seit dem Monat Juli keinen Sold erhalten haben, eine Zahlung gemacht werde, die sie der beschämenden Notwendigkeit enthebt, gleich Bettlern zu erscheinen. Diese wohlverdienten Männer verdienen es wohl, daß man ihr nicht leichtes Los ihnen erleichtere. Gott erhalte Ew. Exzellenz.

48. An Clausewitz

Bautzen, den 26. September 1813.

Soeben kommt Haxthausen zu mir aus dem Großen Hauptquartier und sagt mir, daß er nach dem Ihrigen abgehe. Diese Gelegenheit will ich nicht vorübergehen lassen, um Ihnen meine herzlichen Grüße zu entbieten.

Meinen kurzen Bericht von unsern Ereignissen, sogleich nach der Schlacht an der Katzbach geschrieben, werden Sie erhalten haben. Ohngeachtet die Resultate unseres Sieges groß gewesen sind (104 Kanonen und 18 000 Gefangene), so ist solcher doch nicht so benutzt worden, als es hätte geschehen können, wären die Anordnungen, die ich in der Nacht nach der Schlacht diktierte, pünktlich befolgt worden. So aber mischte sich böser Wille und Lässigkeit ins Spiel. Wir müssen nun diejenigen bekämpfen, die wir damals haben entrinnen lassen.

Hier sind wir an einen Umkreis gekommen, den wir ungestraft nicht überschreiten dürfen. Was jenseits der Elbe vom Feinde steht, dient zur Reserve denen, die uns hier gegenüberstehen. Über Bischofswerda hinaus dürfen wir also keinen Angriff machen.

Wir haben nun andere Entwürfe gemacht und fangen an zur Ausführung zu schreiten, ehe wir die Genehmigung eingeholt haben. Bei der großen Armee nämlich entwirft man stets neue Pläne und kommt nie zur Ausführung, und nach zwei Siegen treibt sich der Kronprinz von Schweden zwischen der Nuthe und der Elbe herum. *Wir* also wollen die Szene eröffnen und die Hauptrolle übernehmen, da die andern es nicht wollen. Da wo die Schwarze Elster in die Elbe sich ergießt, macht die Elbe einen einspringenden Winkel. Dort denken wir ein verschanztes Lager anzulegen. Weiter oberhalb denken wir über den Fluß zu gehen und von preußischen Streitkräften an uns zu ziehen, was wir können. Damit wollen wir so nah als möglich der französischen Armee verbleiben und, sofern Übermacht uns droht, einer Schlacht ausweichen. In letzter Instanz wollen wir eine Schlacht in unserm verschanzten Lager annehmen, und ich hoffe, daß wir sie, nach den Vorbereitungen, die wir zu machen gedenken, dort gewinnen werden.

74

Graf Tauentzien ist mit uns einverstanden und wird gemeinschaftlich mit uns wirken. Ich hoffe, Bülow wird dies, selbst aus wohlverstandenem persönlichem Interesse, gleichfalls tun, ohne sich viel um den ihn lähmenden Kronprinzen von Schweden zu bekümmern. Wenn er auch indessen unserer Einladung nicht Folge leistete, so glauben wir auch ohne ihn dem Unternehmen gewachsen zu sein. Vielleicht daß auch Ihr Armeekorps Vorteil hievon ziehen kann .

Von Ihrer Gemahlin habe ich ein Glückwünschungsschreiben erhalten, das mir von allen mir zugekommenen das liebste ist, so innig und teilnehmend war es geschrieben.

Empfehlen Sie mich auf das herzlichste Ihrem General und erhalten Sie mir Ihr Wohlwollen. Gott befohlen.

49. An Knesebeck

Elsterwerda, den 30. September 1813. Abends 8 Uhr.

Unsere Schritte hier haben doch endlich etwas Gutes zur Folge gehabt. Der Major v. Rühle ist aus dem Hauptquartier des Kronprinzen von Schweden zurückgekehrt, mit der mündlichen und schriftlichen Erklärung desselben, daß er mit uns über die Elbe gehen werde. Alle in dessen Hauptquartier angestellten Personen sind erstaunt über diese plötzliche Sinnesänderung. Ich suche die Quelle derselben in der Besorgnis, sich in dem Elbübergang von der schlesischen Armee zuvorgekommen zu sehen, und zugleich in dem Vertrauen, das ihm die Nachbarschaft und die Hilfe dieser Armee gibt. Er wird seinen Übergang bei Acken und Roslau machen; wir den unsrigen bei Elster. Morgen früh bereits werden wir den Marsch dahin antreten. In zwei starken Märschen erreichen wir die Nachbarschaft dieses Übergangspunktes. Wir werden sodann alsbald unseren Übergang zu bewerkstelligen suchen. Soviel man das dortige Terrain beurteilen kann, bietet es sich zu einer verschanzten Stellung dar, in der wir eine Schlacht, selbst mit einer uns überlegenen Armee, annehmen könnten, die uns bis dahin zurückgedrängt hätte. Den bei Kemberg stehenden Marschall Ney wollen wir angreifen, sofern er standhält.

Begeht der Feind die Unvorsichtigkeit, seine verschiedenen Armeen mehrere Märsche weit auseinanderzustellen, so habe ich die Zuversicht, daß er werde geschlagen werden. Sowie er aber diese Armeen einander dergestalt nähert, daß er solche binnen zwei oder drei Märschen gegen eine der unsrigen vereinigen kann, so muß ich zu großer Behutsamkeit in den Bewegungen raten. Eine Auswahl starker rückwärtiger Stellungen, in die man, wenn er eine Schlacht sucht, zurückweicht, ist dann einem raschen Vorgehen, wozu die jungen Generale vielleicht raten möchten, gegen ihn vorzuziehen. Dort im Erzgebirge haben Sie dergleichen Stellungen sehr viele. Jenes Land besteht aus weiten Plateaus mit tief eingeschnittenen Flüssen oder Bächen. Außer den großen Straßen kommt man nur schwer mit dem Geschütz fort, und wenige Batterien, an den Defileen aufgefahren, verhindern das Vordringen einer Armee oder erschweren es wenigstens sehr; dies ist der Fall mit der Freiberger und Chemnitzer Mulde, mit der Zschopau, Flöhe usw. Wir dagegen haben die Niedermulde und die Gegenden hinter Leipzig. Die Bennigsensche Armee ist, wenn sie Rückschritte aus der Gegend von Dresden machen müßte, durch die Defileen an der böhmischen Grenze hinlänglich gedeckt. Durch eine solche Aufstellung zerren wir die französische Armee hinlänglich auseinander, um die Gelegenheit wahrzunehmen, einer derselben eine Niederlage beizubringen. Sowie die französischen Armeen einander sich nähern, läßt man sie durch starke Avantgarden einschränken, die den Befehl haben, sogleich als etwas Beträchtliches vom Feinde ihnen sich nähert, fechtend zurückzugehen. Die Armeen müssen einen kleinen Tagmarsch hinter den Avantgarden sein. Dadurch sind sie in Bereitschaft, sogleich einen Marsch rückwärts zu tun, ohne sich in ein Gefecht verwickeln zu lassen, wenn Napoleon gegen sie vordringt. Gott befohlen!

50. An Graf Münster

Wartenburg, den 3. Oktober 1813.

Wir haben uns den Elbübergang bei Elster unweit Wittenberg erzwungen, mit forcierten Märschen sind wir die Elbe heruntergeeilt. Das 4. Armeekorps und ein Teil des 7. wollten uns den Übergang verwehren. In dem dem Strome näher liegenden Teil konnte dies nicht geschehen, aber weiter rückwärts hatten die Feinde eine ungemein starke Stellung. Selbige ward angegriffen und nach einem fünfstündigen sehr heftigen Gefechte mit großer Tapferkeit genommen. Ich schreibe Ew. Exzellenz im ersten Augenblick nach dem Gefechte und kann Ihnen deswegen nichts Genaueres über die Resultate des Sieges angeben. 14 Kanonen, einige 50 Pulverwagen sind das, wovon wir jetzt eben genaue Kenntnis haben. Ebensowenig wissen wir die Anzahl der Gefangenen.

Wir haben den Feind über unsere Bewegungen getäuscht. Gestern verfügte ich mich hierher voraus, betrieb den Brückenbau. Die Pontons kamen in der Nacht an und die Brücke ward sofort geschlagen. Des Morgens bereits gingen die Truppen über und bald darauf begann das Gefecht.

Unsere Landwehren haben sich vortrefflich geschlagen. Die Russen haben nicht Teil am Gefecht nehmen können, und es war nur das Yorcksche Korps, das sich geschlagen hat.

Gott erhalte Ew. Exzellenz.

51. An Frau von Clausewitz

Düben an der Mulde, 5 Meilen von Leipzig, den 7. Oktober 1813.

Wie viele Freude mir, verehrte gnädige Frau, Ihr Schreiben gemacht hat, vermögen Sie nicht zu ermessen. Von allen Glückwünschungsschreiben über unseren Sieg an der Katzbach ist mir das Ihrige bei weitem das werteste [41]. Es kommt aus der Fülle eines Herzens, das groß und edel ist. Das Lob einer so hochgebildeten Frau, wen sollte es nicht schwindlich machen!

Ich will Ihnen daher gern zugeben und mich dessen gegen *Sie* – denn selbst gegen meine Frau, die ohnedies die Art meiner Wirksamkeit nicht kennt, habe ich dies nicht geäußert – rühmen, daß ich einen wichtigen Anteil an diesem Siege gehabt habe, sowohl was die Einleitung zur Schlacht, als deren Durchführung angeht, denn sie hat gegen die Unterfeldherren, Langeron und Yorck, erzwungen werden müssen. Ersterer nämlich war bereits geschlagen, weil er, uns unbewußt, fast seine sämtliche Artillerie zurückgeschickt hatte. Wir haben ihn gerettet. Letzterer wollte nicht zur Schlacht marschieren, unter dem Vorwande, seine Truppen müßten zweimal vierundzwanzigstündige Rast haben. Wäre dies geschehen, so war Schlesien verloren. Noch während der Schlacht gab er alles für verloren, und brüllend schimpfte er gegen diejenigen, die sich Lorbeeren erwerben wollten. Ich kehrte mich daran nicht, half, wo ich helfen konnte, führte die Truppen, wo es nötig war, ins Gefecht, und endlich stürzten wir den Feind den steilen Talrand der wütenden Neiße und der Katzbach hinunter.

Sogleich nach der Schlacht gab ich die Disposition zum Verfolgen des Feindes. Wäre sie befolgt worden, so blieb von Macdonalds Armee nichts mehr übrig; denn die Gewässer des Himmels waren mit uns im Bund, hatten sich entladen, und alle Regenbäche waren angeschwollen und die Flüsse ausgetreten. Kein Feind hätte sich retten können. So ward das Verfolgen von den Unter-Befehlshabern verschoben, und der Feind entkam großenteils. Wir mußten uns mit 105 eroberten Kanonen und 18 000 Mann Gefangenen begnügen.

In der Lausitz trafen wir auf Napoleon selbst und eine große Übermacht. Wir mußten uns durch behutsame Märsche helfen. Es gelang. Wir kamen endlich bis Bischofswerda. Dem Kronprinzen von Schweden hatten die preußischen Truppen zwei Siege erfochten. Er sollte in deren Folge über die Elbe gehen und ging nicht. Die große Armee in Böhmen sollte aus ihren Bergen hervorbrechen und kam nicht.

Wir fühlten, daß abermals *wir* die ersten Schritte tun und den Anstoß geben müßten. Wir entschlossen uns dazu unbedenklich, eilten die Elbe hinunter, schlugen im Gebiet der kronprinzlichen Armee und vor deren Front unsere Brücke und erzwangen uns mit gewaltsamer Hand den Elbübergang. Dieser Gewaltstreich riß den Kronprinzen fort. Er kam nach. Unser Übergang hatte indessen dem Yorckschen Korps, das allein ihn erzwang, viel Blut gekostet, denn die feindliche Stellung war sehr fest.

Wir gingen nun an die Mulde. Hier erwarteten wir, daß der Kronprinz vorgehen und Leipzig nehmen würde. Es geschah nichts[42].

52. An Hardenberg

Düben, den 7. Oktober 1813.

Es tut mir leid, daß Ew. Exzellenz das, was ich Ihnen neulich über die hülflose Lage der Subalternoffiziere durch Ausbleiben des Soldes schrieb, mit Empfindlichkeit aufgenommen haben. Ich habe es für meine Pflicht gehalten, Ew. Exzellenz von der üblen Wirkung Kenntnis zu geben, die die mitleidswerte Lage der Offiziere hervorbrächte. Ew. Exzellenz haben mich einst dazu aufgefordert, Ihnen nichts zu verhehlen, was die öffentliche Meinung in Absicht auf Sie betrifft, und auch ohne diese Aufforderung würde ich mich immer angetrieben gefühlt haben, Sie auf irgendeine Ihnen nachteilige Stimmung aufmerksam zu machen.

Am 3. d. haben wir unseren Elbübergang mit gewaltsamer Hand gemacht. Der Feind hatte eine fast unüberwindliche Stellung inne. Früher war er schon durch die wenig nachhaltigen Versuche der Kronprinzlichen Armee auf diesen Punkt aufmerksam gemacht worden, und er hatte das Dorf Wartenburg, zu zwei Dritteilen schon von Natur mit Wasser und Sümpfen, sowie auch durch Dämme umgeben, noch durch Hülfsmittel der Kunst befestigt. Der Entwurf war, den Feind von vorn zu beschäftigen, mit dem eigentlichen Angriff das feste Dorf zu umgehen, und solches dann von hinten anzugreifen. Die Tapferkeit der Truppen riß aber solche in dem Gefecht fort, und nach einem sechsstündigen heftigen Gefecht erstürmten sie endlich das Dorf fast auf dessen stärkster Seite. Die Landwehren spielten hierbei mit die vorzüglichste Rolle, namentlich das Bataillon Sommerfeld, aus dem Hirschberger Kreise, großenteils aus Leinwebern bestehend. So bilden sich jetzt die jungen Truppen zum Krieg aus! Möge die Weisheit der Führer einen solchen Geist in den Truppen zweckmäßig leiten! *»Seht! dort rückt das Bataillon des Leibinfanterieregiments an den Feind; die wollen was Besseres sein, als ihr«*, redete der General Horn die Landwehrmänner an. *»Nein! Nein! wir sind ebenso gut als sie«*, antworteten die Landwehrmänner, und zugleich mit den anderen setzten sie an den Feind.

Möchten Ew. Exzellenz diese braven, armen Leute sehen, wie sie der notwendigsten Kleidungsstücke ermangeln und den Krankheiten und der Ermattung erliegen, es würde Ihnen das Herz pressen.

Nun erlauben Ew. Exzellenz dem Freunde, ein paar Worte von *sich* zu sagen. Wenn nicht große Fehler gemacht werden und die Regenten beharrlich sind, so muß sich dieser Krieg vorteilhaft für die gute Sache enden. Mein vorgerücktes Alter würde mich dann nur bei einer großen Staatsgefahr die Waffen wieder ergreifen lassen. Im Frieden mag ich nicht mehr Soldat sein. Ich habe auch andere Gründe, die es mir wünschenswert machen, aus der Armee zu treten, worunter mit der gehört, daß mir der König nicht gewogen ist. Nach meiner Neigung würde ich mich in die Stille des Landlebens zurückziehen, bei der Zerrüttung meiner häuslichen Angelegenheiten indessen finde ich dieses nicht ausführbar. Ich muß mich demnach um ein Amt und ein Einkommen bewerben, womit ich meine noch jungen Kinder erziehn und wovon ich etwas ersparen könnte, um sie nach meinem Tode nicht dem Mangel auszusetzen. Dergleichen Ämter, denen *ich* vorstehen könnte, sind wenige; aber es gibt eines, das ich mir mit Hilfe einiger routinierter Männer zu verwalten getraute, und das ist das eines Generalpostmeisters. Schlechter als es jetzt verwaltet wird, kann es von mir auch nicht geschehen, und vielleicht würde ich mehr Tätigkeit in diesen etwas faul gewordenen Staatsgeschäftskreis zu bringen wissen. Für den Fall also, daß ich diesen Krieg überleben sollte, wünsche ich mir die Anwartschaft auf Herrn Segebarths Stelle, und Ew. Exzellenz würden sich durch Gewährung dieser meiner Bitte den Anspruch auf die Dankbarkeit meiner sieben Kinder erwerben, deren Zukunft, durch die allgemeine Verarmung, denn doch gefährdet ist. Halten Ew. Exzellenz mir nicht etwa andere Aussichten vor. Ich sehe nur mit Bitterkeit auf selbige; und ehe ich mich auf selbige verweisen ließe, lieber würde ich in irgendeinem stillen Winkel der Erde das Brot des Kummers essen. Gott erhalte Ew. Exzellenz.

53. An die Gattin

Halle, den 12. Oktober 1813.

Seit dem 3. d., an welchem Tage ich Dir zuletzt schrieb und Dir von dem Gefechte jenes Tages Nachricht gab, haben unsere Operationen abermals den Charakter des Ungewöhnlichen gehabt. Wir haben im Rücken des Feindes die Mulde und die Saale überschritten und befinden uns seit gestern hier in Halle. Wir haben durch diese Bewegung den Feind von seinen Kommunikationen mit Frankreich abgeschnitten, müssen aber erwarten, daß der Feind sich auf unsere Kommunikationen werfe, und man von uns eine Zeitlang keine Nachrichten haben werde; ich will also noch eilen, um Dir zu sagen, daß August wohl und munter ist.

Die Sachen stehen vortrefflich. Wenn nicht große Fehler gemacht werden und man vor den kleinen, die man begeht, erschrickt, so siegt die gute Sache ganz sicherlich. Unsere Schlesische Armee unter General Blücher erwirbt sich große Verdienste durch die Schnelligkeit und Kühnheit ihrer Märsche, durch ihre Anstrengungen, und durch die Tapferkeit, womit sie sich schlägt. Tausend Grüße an die Kinder. Gott befohlen.

54. An die Gattin

Wetterwitz bei Leipzig, den 18. Oktober 1813
des Morgens 5 Uhr.

Ich schreibe Dir am Morgen einer Schlacht, wie sie in der Weltgeschichte kaum gefochten ist. Wir haben den französischen Kaiser ganz umstellt. Diese Schlacht wird über das Schicksal von Europa entscheiden.

Schon vorgestern hat die Blüchersche Armee abermals einen herrlichen Sieg erfochten. Wir hatten das beste französische Armeekorps, das des Marschalls Marmont, dann noch das 4. und 7. Armeekorps, einen Teil der französischen Garden und ein polnisches Korps gegen uns. Der Kampf war lang und hartnäckig; er kostete viel Blut. Wir warfen den Feind dennoch endlich aus seinen Stellungen heraus.

Die Tapferkeit der Truppen unterstützte auf das herrlichste unsere Anordnungen. Wir hatten uns in Bataillonsmassen aufgestellt. Das feindliche Geschütz wütete darin sehr. Unsere Landwehrbataillone taten herrlich. Wenn eine feindliche Kugel 10 bis 15 Mann darniederriß, riefen sie: Es lebe der König! und schlössen sich wieder in den Lücken über die Getöteten zusammen.

Das Schlachtfeld ist mit Toten und Verstümmelten bedeckt, wie selten. Gott Lob! viel mehr Franzosen als der Unsrigen. Indessen ist unser Verlust ebenfalls groß. Das Yorcksche Korps allein hat 6 000 Mann verloren, ohne den Verlust der Russen zu rechnen.

Einige und vierzig Kanonen haben wir abermals erobert, und so viel Pulverwagen, daß wir das, was wir in der Schlacht verschossen, wieder haben ergänzen können.

August war während der Affäre von Wartenburg am 3. dieses sehr böse gewesen, daß ich ihn bei dem Gefolge des Generals zurückgelassen hatte, obgleich er auch dort in der Gefechtlinie war. Ich erlaubte ihm daher mit der Kavallerie der Avantgarde vorzugehen und beim Nachhauen zu sein. Es kam damals zu nichts. Am Vorabend des vorgestrigen Schlachttages bat er mich, bei der Kavallerie sein zu dürfen. Ich tat seinen Willen und sandte ihn zu dem tapferen Obersten v. Katzeler. Dort hat er drei Kavallerieangriffe mitgemacht. Der Oberste will ihn nun zu seinem Regimente haben und ihn zum Offizier machen. In das letztere habe ich nicht gewilligt. Das erstere habe ich in Augusts Wahl gestellt. Noch weiß ich seinen Entschluß nicht.

Gott befohlen! Eine halbe Million Menschen stehen jetzt auf einem engen Raum zusammengedrängt, bereit, sich wechselsweise zu vertilgen. Wenn nicht große Fehler begangen werden, so sind wir Sieger. Durch die Schritte, die unsere Armee getan hat, durch ihre kühnen Bewegungen, durch die Schlachten und Gefechte, die sie gewonnen und durch die Ratschläge, die von unserem Hauptquartier ausgegangen sind, hat selbige zur vorteilhaften Wendung des Krieges so ungemein viel beigetragen. Die Siege der anderen Armeen sind ohne Folgen geblieben, und nur die unsrigen haben auf den Gang der Begebenheiten gewirkt. Die Nachwelt wird erstaunen, wenn dereinst die geheime Geschichte dieses Krieges erscheinen kann.

Umarme die Kinder, und Gott nehme Euch in seinen Schutz.

N. v. Gneisenau

Gestern abermals hatten wir ein sehr schönes Gefecht mit unserer Kavallerie, wo wir dem Feinde Kanonen abnahmen und ihn in die Vorstädte von Leipzig warfen.

Nun fängt der Krieg in dem hiesigen schönen Landflecke zu wüten [an]. Wir kommen zwar in Häuser mit unserm Hauptquartier, haben aber darin fast keine Stühle noch Tische. Alles wird bei den Biwakfeuern verbrannt. Gestern holten die Russen aus dem mit Land- häusern angefüllten Gohlis die kostbarsten Meubles, um sich damit zu wärmen, darunter selbst kostbare Fortepianos.

55. An die Gattin

Leipzig, den 19. Oktober 1813.

Die große Schlacht ist gewonnen, der Sieg ist entscheidend. Gestern kämpften die ungeheuern Massen gegeneinander. Ein Schauspiel, wie es seit Tausenden von Jahren nicht gegeben hat. Von einer Höhe konnte ich die jenseitige Armee übersehen; die unsrige focht diesseits. Viel Blut ist geflossen. Auf meilenlangen Strecken liegen die Toten und Verstümmelten. Wir drängten endlich die französische Armee in einem engen Raum dicht bei Leipzig zusammen. Die Nacht ließ endlich das Feuer aufhören. Heut früh griff ein Teil unserer (der schlesischen) Armee Leipzig an. Das preußische Korps unter General Yorck war bereits in der Nacht vorausmarschiert, um dem Feind auf seinem Rückzug zuvorzukommen. Unser Angriff auf Leipzig war sehr blutig. Nach vielen Stunden Arbeit erstürmten unsere Truppen die Stadt. Von allen Seiten begegneten sich die Truppen der verschiedenen Armeen. Der General Blücher und wir waren die ersten, die einzogen. Wir wurden von dem Freudengeschrei der Einwohner und von den Hurrarufen der siegenden Truppen bewillkommt. Wir fanden eine Menge Gefangene, 20 000 Verwundete, noch viel mehr Kranke. Die Toten lagen überall umher. Eine Menge Geschütz ist erobert, fünfhundert Munitionswagen. Viele Generale sind in unsern Händen. Zertrümmerte Häuser, umgeworfene Bagagewagen, Truppen aller Nationen. Es ist eine Verwirrung ohnegleichen. Eine Stunde später als wir zogen der Kaiser Alexander, der Kaiser Franz, unser König, die Prinzen und die Generalität aller Nationen ein, denn wir hatten mehrere gefangene Generale. Alle Anstalten sind getroffen, um den Feind aufs lebhafteste zu verfolgen. Den Rest seiner Armee wollen wir vernichten.

So weit habe ich es endlich gebracht. Vieles habe ich zu dieser Wendung der Angelegenheiten beigetragen. Ich genieße jetzt die Belohnung für langjährige Sorgen und Mühen. August ist gesund. Umarme die Kinder. Gott mit Euch.

56. An Clausewitz

[Leipzig, den 19. Oktober 1813]

Der König hat mir, als alles in Leipzig auf dem Markte versammelt war, einige kalte, doch etwas freundliche Worte der Zufriedenheit mit unserer Armee gesagt. Mir persönlich nichts. Noch habe ich kein Wort der Zufriedenheit über unsern Elbübergang und die folgenden Kriegsbegebenheiten erhalten. Dagegen sagte mir der Kaiser Alexander die schönsten Dinge, ebenso der Kaiser Franz und der Fürst Schwarzenberg. Aber Sie sehen, wie tief gewurzelt die Abneigung des Königs gegen alle diejenigen ist, die nicht gleiche politische Gesinnungen mit ihm gehabt haben. Sowie indessen dieser heilige Krieg vorüber ist, so trete ich aus seiner Armee und will lieber das Brot des Kummers essen, als diesem unfreundlichen Herrscher mich in seiner Armee aufdrängen.

57. An Frau von Clausewitz

Freiburg an der Unstrut, den 23. Oktober 1813.

Da, wo ich mit meiner Erzählung stehengeblieben bin, wäre es uns beinahe betrübt ergangen. Der fr[anzösische] Kaiser war mit seiner ganzen Macht gegen uns im Anzuge. Unser Hauptquartier war vor unseren Truppen gegen den Feind zu. Die Kosaken hatten einen Weg nicht beobachtet. Auf diesem kamen die Feinde ganz in die Nähe von Düben unbemerkt. Glücklicherweise hatte wir uns entschlossen, an die Saale zu gehen und diesen Entschluß sogleich zur Ausführung gebracht. Die Truppen waren schon im Marsch. Wir aßen früher als gewöhnlich, setzten uns dann zu Pferde und folgten. Kaum hatten wir den Ort verlassen, so zogen Franzosen darin ein. Wir konnten leicht in Kriegsgefangenschaft geraten. Unser schneller Entschluß hatte uns diesmal gerettet.

Nun begannen unsere Kämpfe mit dem Kronprinzen. Er wollte nicht an den Feind. Dieser hatte Vorspiegelungen von Bewegungen gegen Berlin hin gemacht, und der Kronprinz ließ sich täuschen. Er wollte über die Elbe zurück und schickte uns Befehl zu, mit ihm uns zu vereinigen und gleichfalls über die Elbe zu gehen. Er sagte uns die offizielle Lüge, der Kaiser Alexander habe uns unter seinen Befehl gestellt. Wir glaubten und gehorchten nicht. Wir näherten uns vielmehr von Halle aus Leipzig. Endlich entschloß er sich, uns nachzuziehen und rettete sich dadurch von Infamie, die ihn sicherlich getroffen hätte, wenn er seinem Vorhaben getreu geblieben wäre.

Am 16. Oktober schlugen wir, die schlesische Armee, unsere schöne Schlacht bei Möckern; ich nenne sie schön, weil sich die Tapferkeit unserer Truppen so hoch darin bewährte. Um das Dorf Möckern ward blutig gestritten. Endlich ward solches behauptet und der Feind auf allen Punkten geworfen. Wir eroberten 54 Kanonen.

Am selbigen Tage war unsere große Armee angegriffen worden. Sie erlitt Unfälle, verlor Terrain, und nur mit Mühe wurden am Abend ein Teil der verlorenen Punkte wiedergewonnen, so daß man es dort eine unentschiedene Schlacht nennen konnte.

Am 17. standen die Armeen größtenteils ruhig einander gegenüber, zum neuen Kampf sich vorbereitend. Nur wir, die schlesische Armee, allein griffen mit einem Teil unserer Kavallerie und reitenden Artillerie den vor uns stehenden Feind an und warfen ihn über die Partha hinüber.

Der Kronprinz von Schweden war unterdes, aller Zusagen ungeachtet, stets hinter uns, und zwar mehrere Meilen, geblieben, ohne Anteil an dem Kampf zu nehmen. Seine schöne Armee ward uns ganz unnütz.

Da machte sich am 18. des Morgens der alte Feldmarschall auf, um ihn auf seine Pflicht aufmerksam zu machen. Ich begleitete meinen Feldherrn nicht, weil ich schon zu sehr indigniert war. Der Prinz Wilhelm aber ritt mit ihm. Er machte den Dolmetscher und zwar auf eine vortreffliche Art. Was da dem Prinzen gesagt ward, und zwar in starken Ausdrücken, tat Wirkung, und der Prinz marschierte.

An ihn schloß sich unser Korps von Langeron an. Dieses machte dort abermals den ersten Angriff, während der Kronprinz seine Schweden in vierter Linie aufstellte. Nun drangen unsere Armeen auf allen Punkten gegen den Feind vor und verengten den Umkreis. Das Schauspiel war einzig, eine halbe Million Streiter auf einem kleinen Raum sich bekämpfen zu sehen.

Wir griffen nun mit unserem sehr schwachen Sackenschen Korps die Vorstädte von Leipzig an; sie wurden genommen, wieder verloren und genommen. Der Kampf dauerte bis in die Nacht blutig fort; wir konnten nur einen Teil derselben behaupten. Das Yorcksche Korps, das von 19 000 M[ann] am 16. bis auf 12700 zusammengeschmolzen war, hatte der Erholung nötig, und nahm an diesem Tage nur wenig am Kampfe teil.

Mit Eintritt der Nacht hatten unsere sämtlichen Armeen den Feind auf einen nur kleinen Raum zusammengedrängt. Man hörte Bagagen auf der Straße von Leipzig nach Weißenfels ziehen. Sofort ließen wir das Yorcksche Korps in der Nacht noch abmarschieren, um dem Feinde in seinem Rückzug schnell über Merseburg zu folgen.

Den 19. griff unser Sackensches Korps abermals Leipzig an. Der Kampf wurde hartnäckig und für uns sehr blutig. Wir mußten unsere fechtenden Truppen durch andere von unserm Langeronschen Korps unterstützen lassen. Auch diese verloren sehr viel. Gewässer deckten die Franzosen. Endlich rückte unser Bülowsches Korps von der anderen Seite an. Durch die Vorteile der Lage begünstigt, verteidigten sich die Feinde verzweifelt. Endlich drangen unsere Preußen durch. Wir mit ihnen zu gleicher Zeit. Da der Feldmarschall unweit des bestürmten Tores war, so zogen er und sein Hauptquartier zuerst als Sieger in die eroberte Stadt.

Wie soll ich Ihnen, verehrte Frau, meine Gefühle beschreiben, als wir von dem tobenden Hurrageschrei der siegenden Truppen und dem Freudengeschrei der Einwohner empfangen wurden. Lange Kolonnen von Kriegsgefangenen wurden uns vorgeführt, an ihre Spitze zu Fuß die Generale Lauriston, Reynier, Bertrand usw. Eine Stunde später kamen der König und Kaiser Alexander, noch später der Kaiser Franz und die Generale aller Nationen.

Sie kennen die schönen Spaziergänge um Leipzig. Diese waren das Schlachtfeld des l9. Oktobers. Dort war alles mit Toten, Verstümmelten, Trümmern, Geschützen, Munitionswagen und Gewehren bedeckt. Die Erde war mit Blut getränkt.

Das bewundernswürdigste war, daß der siegtrunkene Soldat in seinen Reihen geordnet stand und keine Plünderung vorfiel.

Wir eroberten über 200 Kanonen, 6-700 Munitionswagen, vielleicht 60 000 Gewehre. Mehr als 40 000 Gefangene sind in unsern Händen, darunter 15 000 Gesunde. Es sind dieses Tage gewesen, wie sie die Geschichte nie gesehen hat. Die verbündeten Truppen haben zwischen 40-50 000 Tote und Verwundete. Man kann den Verlust der streitenden Armeen zu 100 000 Mann annehmen an Toten und Verwundeten.

Seitdem haben wir, die schlesische Armee, den Feind verfolgt, ihm etwa 4 000 Gefangene abgenommen, 3-4 000 gefangene Russen und Österreicher befreit, ihm Kanonen abgenommen. Alle Straßen sind mit Munitionswagen bedeckt, zum Teil zerstört. Bei Freiburg ließ der Feind über 400 Munitionswagen stehen oder vernichten.

Wie glücklich ich bin, können Sie ermessen. Es gibt kein beseligenderes Gefühl als Befriedigung einer solchen Nationalrache. Unaufhaltsam schreiten wir jetzt an den Rhein vor, um diesen vaterländischen Strom von seinen Fesseln zu befreien.

An Clausewitz habe ich sogleich in der ersten Verwirrung des Sieges aus Leipzig geschrieben, da dieser Brief aber etwas mehr als jener enthält, so bitte ich Sie, ihm solchen mitzuteilen.

An Ihre Hausgenossen meine herzlichsten Grüße. Die frommen vaterländischen Wünsche, womit sie mich begleiteten, haben ihre Wirkung getan; sie sind erhört. Gott sei mit Ihnen allen. Beglücken Sie mich ferner mit Ihrem Wohlwollen.

Geschlossen zu Groß-Neuhausen, unweit Erfurt und Weimar, den 24. Oktober 1813.

N. v. Gneisenau.

58. An Hardenberg

Fulda, den 31. Oktober 1813.

Ew. Exzellenz gütige Zuschrift, worin Sie über die von mir geäußerten Wünsche reden, habe ich zu erhalten die Freude gehabt. Ich danke Ew. Exzellenz für die Herzlichkeit, womit dieser Brief geschrieben war. Ich bin mir nicht bewußt, meinen Brief in einer trüben Stimmung geschrieben zu haben, wie Ew. Exzellenz meinen. Vielmehr bin ich durch alle die Zeit vor unsern Schlachten sehr heiter gestimmt gewesen, und sah, etwas abergläubisch vielleicht, diese heitere Stimmung für einen Vorboten des Sieges an. Wenn ich über meinen Austritt aus der Armee nach überlebtem Kriege sprach, so geschah es unter derselben Ansicht, die Ew. Exzellenz haben, nämlich daß es nicht angemessen sei, daß ich in die Nähe des Königs komme, aus demselben Grunde, daß der König nicht Geschmack an mir finde. Wenn ich dereinst in die höhern Stellen der Armee treten würde, so müßte es unvermeidlich werden, mit dem König über Gegenstände desjenigen Teils des Militärwesens, womit er sich gerade am meisten beschäftigt, in unmittelbare Berührung zu kommen, z. B. Musterungen, Paraden, Kleidung, und ich würde es ihm hierin vielleicht nicht zu Dank machen. Um mir diese Demütigung und Kränkungen zu ersparen, will ich eine andere Laufbahn betreten, um die sich der König weniger bekümmert und worin ich in Ew. Exzellenz einen nachsichtigen gütigen Vorgesetzten finden würde.

Die Einleitung zur Verwirklichung meines Wunsches vorjetzt noch hinauszuschieben, ist mißlich. Herr v.Segebarth ist alt. Stirbt er, so wird es viele Bewerber um seine Stelle geben. Man wird sie einem ändern geben und mich auf eine andere Stelle vertrösten. Aber keine andere vereinigt so sehr alle Bedingungen zu einem glücklichen Alter, denn nur wenige kann ich verwalten, noch wenigere gestatten einen Aufenthalt in Berlin, und keine vereinigt so viel Unabhängigkeit von kollegialischen Verhältnissen. Wenn daher Ew. Exzellenz meine Zufriedenheit und mein Wohlstand einigermaßen wert ist, so seien Sie so gnädig, dafür zu sorgen, daß mir *bald* eine königliche Zusicherung darüber werde.

Seitdem wir unsern Feind verfolgen, ist abermals nicht alles geschehen, was hätte geschehen müssen, um ihn vollends zu vertilgen. Die Menschen verstehen wohl einen Sieg durch Tapferkeit zu erfechten, aber nicht ihn zu benutzen. Man liebt es nur gar zu sehr, auf seinen Lorbeern auszuruhn.

Gott erhalte Ew. Exzellenz.

59. An Werner von Haxthausen

Höchst bei Frankfurt a.M., den 1.November 1813.

Mein teuerer Freund!

Ihre herzlichen Glückwünsche zu unseren Fortschritten habe ich mit Innigkeit gelesen. Das, was Sie mir über meinen Anteil daran sagen, so angenehm es mir von Freundes Hand ist, indem es mich von Ihrem günstigen Vorurteil für mich überzeugt, kann ich mir jedoch nur zum Teil anmaßen. Die Pläne, die unsere Armee verfolgte, waren sehr einfach. Es gehörte nur einige Entschlossenheit dazu, deren Ausführung zu unternehmen. An jener Eigenschaft fehlte es meinem alten Feldherrn nicht, also kostete es mir keine Mühe, ihn von der Ausführbarkeit jener Pläne zu überzeugen. Das übrige hat die hohe Tapferkeit der Truppen getan, die bei mißlichen Momenten den Ausschlag gab. Das Glück kam uns insofern zu Hilfe, daß die irrigen Ansichten des Kronprinzen und dessen falsche Bewegungen den französischen Kaiser in Irrtum führten und er uns entfernt glaubte. Eine zweckmäßige Bewegung des Kronprinzen würde ihn bald von unserer Nähe überzeugt haben. Übrigens habe ich an *Müffling* und *Kühle* ein paar tüchtige Gehülfen. Ich will Ihnen daher gern bekennen, daß alle die Ehre, die man mir erzeigt, mich verlegen macht und ich das Domine non sum dignus mit voller Seele ausspreche. Aber so verteilt das eigensinnige Glück seine Gaben!

An Clausewitz habe ich mehrere Male geschrieben und vorzüglich nach jedem Sukzeß; ob er meine Briefe erhalten hat? Auch an Frau von Clausewitz habe ich unlängst einen langen Brief geschrieben. Es scheint mir fast, als ob solcher nicht seine Bestimmung erreicht habe.

Lassen Sie sich wieder einmal als Kurier zur großen Armee schicken, damit ich das Vergnügen habe, Sie zu sehen und Ihnen so manches Interessante erzählen zu können. Ihr Onkel hat mir Hoffnung gemacht, daß er bald herüberkommen werde. Es ist dies sehr nötig, denn in Frankfurt wird auf eine leichtsinnige Weise verfahren und niemand kehrt sich an Recht und gerechte Ansprüche. Mit den kleinen Tyrannen werden Friedensschlüsse nach *einem* Leisten gemacht und ihrer Willkür Glück und Vermögen ihrer Untertanen überlassen.

Gott erhalte Sie. Gedenken Sie mit Wohlwollen Ihres treuergebenen

N. v. Gneisenau.

60. An die Gattin

Frankfurt a. Main, den 11. November 1813.

Nach der glücklichen Wendung, die der Krieg genommen hat, ist es gewiß, daß ich, sofern ich ihn überlebe, meinen Aufenthalt in Berlin nehme, nicht etwa, wie Du denken möchtest, um dort in der großen Welt, sondern vielmehr in Stille und Eingezogenheit und in meinem Amte zu leben, das mir dieses gestattet. Einer Aufenthaltsveränderung kannst du demnach entgegensehen. Hirschberg bietet für die Jahre unserer Töchter nicht die Ausbildungsmittel dar wie Berlin. So sehr viel ist hierin bereits versäumt; ich will es Dir daher nicht verhehlen, daß es mein Wunsch ist, Du mögest Deinen Aufenthalt schon jetzt in der Hauptstadt nehmen, um Vorteil von den mannigfachen Hilfsmitteln für eine gute Erziehung zu ziehen, die selbige darbietet. Für Agnes ist dies besonders die höchste Zeit. Die Gründe, die Du meinem Wunsch entgegenstellen könntest, kenne ich. Keiner derselben ist wichtig genug, um den Vorteilen zu entsagen, die ein solcher Entschluß uns gewährt. Wenn Deine Töchter bestimmt sind, in der Hauptstadt zu leben, so müssen sie auch die Kultur derselben annehmen, folglich dafür erzogen werden. Dies ist unerläßlich. Erwäge dies reiflich, und was Du beschlossen hast, bringe *bald* zur Ausführung.

Seit acht Tagen bin ich für meine Person hier. Die Rollen zum neuen Trauerspiel werden hier verteilt. Es wird noch größer werden als das bereits abgespielte: gebe Gott, daß es auch ebenso glücklich sei; dann wird die erschütterte Welt sich etwas erholen können. Unsere Armee ist sehr geschmolzen und leidet den bittersten Mangel an Kleidungsstücken. Barfuß und in leinenen Hosen müssen viele der wackeren Soldaten durch die grundlosen Wege waten. Bei Eisenach trat auf einmal eine solche Kälte ein, daß uns viele Leute erfroren.

Die Landwehrmänner des Hirschberger Kreises haben sich ganz ungemein tapfer betragen, sowohl bei Wartenburg am 3. als in der Schlacht von Möckern am 16. Oktober. Du kannst dies dort nicht genug wiederholen. Major von Sommerfeld ist ein ausgezeichneter, vortrefflicher Offizier. Zedlitz kann recht stolz darauf sein, einen solchen Schwiegersohn zu haben.

Frankfurt ist für uns eine gefährliche Klippe. Niemand will da heraus. Vieles ist schon versäumt hier sowie unterwegs, wo wir, wäre alles gehörig angeordnet und das, was angeordnet war, gehörig befolgt worden, den Feind gänzlich aufgerieben hätten. Nun müssen wir die Entronnenen nochmals bekämpfen, das wird uns noch manchen wackeren Mann kosten. Jenseits dem Rhein ist alles in größter Verwirrung. Die französischen Familien flüchten nach Paris. Das Volk hat den Mut, nicht mehr zu gehorchen, und die französischen Regierungspersonen nicht mehr *den*, den Gehorsam zu gebieten. Man erwartet uns mit Ungeduld, um das verhaßte Joch abzuwerfen, und hier treibt man sich in Festen und Mahlzeiten herum. Ich für mein Teil lebe hier sehr einsam und predige schriftlich Lehren, die unbequem sind. Bei den Konferenzen schreit alles durcheinander und da werden Dinge beschlossen, die sich gut auf dem Papier ausnehmen, praktisch aber unausführbar sind. Durch Ärger und Stubenluft bin ich schon halb krank.

61. An Clausewitz

Frankfurt a. M., den 16. November 1813.

Erst gestern habe ich Ihre beiden Briefe, Melkhof, den 22. Oktober und Dömitz, den 1. November, erhalten. Sie tun darin keines meiner an Sie gerichteten Briefe Erwähnung, und doch, habe ich an Sie öfter, und namentlich nach unserm Elbübergang aus Wartenburg, sogleich nach der Eroberung von Leipzig, und einige Tage später abermals über die Vorfälle bei Leipzig geschrieben. Diese Briefe habe ich sämtlich an den Geh. Staatsrat Sack in Berlin gehen lassen, damit er selbige sofort an Sie durch Estafette gelangen ließe, weil mir der Kriegsoperationen wegen daran gelegen war, daß Sie sofort von unsern Fortschritten unterrichtet würden. Lassen Sie mir daher wissen, ob Sie diese Briefe erhalten haben, damit ich alsbald Nachfrage darüber halten kann.

Ihr Memoire habe ich dem Fürsten Wolkonski übergeben. Ich verspreche Ihnen aber keinen Erfolg von meinen Bemühungen, Ihr Korps mit zu unsern Operationen heranzuziehen. Es sind hierbei große Schwierigkeiten, denn man hält sich hier nicht einmal für ermächtigt, das eine russische Korps des General Wintzingerode heranzuziehen, so nötig man es auch hat, und man ist darüber erst mit dem Kronprinzen in Unterhandlungen getreten.

Über Ihre Ideen, die Fortsetzung des Krieges bis über den Rhein hinüber nicht zu vernachlässigen, nicht erst hier stehenbleiben und Verstärkungen erwarten zu wollen, bin ich mit Ihnen vollkommen einverstanden. Auch war die schlesische Armee in diesem Sinne dirigiert, und sie hatte sich schon den Rhein hinunter bewegt, um dort den 15. November über diesen Strom zu gehen, während die große Armee dies in hiesiger Gegend; unserer Meinung nach, tun sollte. Unsere Armee war schon am Niederrhein angelangt, als man hier andere Feldzugspläne faßte, in deren Folge die schlesische Armee wieder den Rhein herauf ziehen mußte. Sie ist nun vor Kassel angelangt.

Der große lange Mann, der die Leute, die er nicht mag, rückwärts über die Schulter ansieht, findet es sehr töricht, daß man über den Rhein gehen will. »Das sei ja vorher gar nicht die Absicht gewesen, warum man denn jetzt erst auf diesen aberwitzigen Gedanken komme? Der Rhein sei ja ein Abschnitt; da müsse man stehenbleiben und sich erst wieder etwas herstellen, um dem Feind den Übergang zu verwehren. Was uns dann die am andern Rheinufer angingen? Wir würden doch wohl nicht die lächerliche Idee haben wollen, nach Paris zu gehen?« und solches Zeug mehr. Meine Frau hat ihm zwei Stunden lang widersprochen und ihn sehr gut widerlegt. Am Ende hat keiner den andern überzeugt und wir schieden sämtlich auseinander, ohne zu wissen, was geschehen würde. Eigentlich hindert der lange Mann doch nichts, wenn etwas von den andern beschlossen wird, aber bekritteln und bespötteln will er alles.

Mein Feldzugsplan ging darauf hinaus, daß eine große Armee am Mittelrhein operieren, die schlesische Armee über den Niederrhein gehen und ihre Richtung gegen Maestricht und Antwerpen nehmen, die disponiblen Truppen der Nordarmee der Yssel sich bemächtigen und eine Armee aus der Schweiz durch die Franche-Comté dringen solle. Als ich hierher kam, fand ich die österreichischen Generale meinem Entwurfe sehr geneigt, nur wollten sie die Schweizer Armee größer als die am Mittelrhein machen, was bei meinem Plan der umgekehrte Fall war. So ward der Plan dem Kaiser Alexander vorgelegt und angenommen. Des andern Tages kam Herr von Knesebeck und sagte, er habe sich eines Besseren besonnen. Von der Schweiz aus müsse die größte Hauptmacht vordringen (205 000 M.); die schlesische Armee müsse dicht an ihr bleiben, und ihr die Flanke und Rücken, als Observationsarmee am Oberrhein, decken; die Eroberung von Holland müsse man dem Kronprinzen von Schweden übertragen, und wenn er auch *nicht* kommen wolle, so müsse man auf die Eroberung von Holland kein Gewicht legen, denn dieses Land müsse in Paris erobert werden; dahin müsse man seinen Marsch richten; die Armee aus Italien müsse ebenfalls nach dem südlichen Frankreich kommen und dort müsse man sich mit L[ord] Wellington die Hand bieten. Vergebens mache ich auf die Schwierigkeiten und die Länge des Weges (über Genf und Lyon) aufmerksam, auf die moralische Kraft, die man dadurch der fr[anzösischen] Regierung gibt; auf die Freiheit, die dem Feinde dann bleibt, seine festen Plätze im alten Frankreich, in Brabant und Holland nicht zu besetzen, und Armeen aus diesen Besatzungen zu bilden; auf den Reichtum an Hilfsmitteln der belgischen und batavischen Länder, der dem Feinde dann zu Gebote steht; auf den sehr hochwichtigen Umstand, daß dieser Feldzug in sechs Wochen erst am Genfer See seinen Anfang nehmen kann usw. Alles ist umsonst! Der Kaiser und die österreichischen Generale fallen Knesebecks Meinung bei und mein Plan ward verworfen. Dieser ging von dem Grundsatz aus, daß der Feind nimmermehr imstande sei, alle seine Festungen auszustatten, daß man selbige also nicht fürchten, sondern sie vielmehr aufsuchen müsse, um eine große Anzahl derselben an gewissen günstigen Punkten zu bedrohen und dadurch den Feind in die Alternative zu bringen, entweder einen großen Teil der Festungen ohne Besatzungen zu lassen oder die neu zu bildenden Armeen alsbald zu zersplittern. Zu diesem Ende sollte die schlesische Armee in die Gegend von Maestricht, um dort einen großen Teil der feindlichen Festungen zu bedrohen und zu gleicher Zeit die von Holland abzuschneiden. Der Punkt von Koblenz sollte festgehalten werden, um die innere Kommunikation abzuschneiden. Die Rheinarmee sollte so weit vordringen, daß sie Mainz, Straßburg, Landau, Luxemburg, Metz, Thionville zugleich bedrohte; der Angriff von der Schweiz aus sollte nur ein zweiter Moment sein, den man von den neu zu bildenden Massen verstärken konnte. Dieser mein Plan indes, als der weniger glänzende, mußte dem Schimmer des von Knesebeckschen nachstehen, obgleich es gleichfalls in *meiner* Berechnung lag, bei günstigen Umständen bis nach Paris zu dringen.

Mit dem Kronprinzen von Schweden haben wir die sonderbarsten Verhandlungen gehabt. Als der französische Kaiser nach Düben sich wandte und gegen die Elbe detachierte, wollte jener durchaus über die Elbe wieder zurück und uns sich nachziehen. Wir lehnten ab, und als er uns endlich einen Befehl dazu schickte, verweigerten wir zu gehorchen. Jetzt sagt er, er habe uns abgehalten, über die Elbe zurückzugehen!

62. An Oberstleutnant von Rühle

Ich muß Frankfurt verlassen, ohne mich von Ihnen beurlauben zu können; ich tue es daher schriftlich und zwar mit dem gerechtfertigten Bedauern, daß wir einen neuen und zwar sehr entscheidenden Feldzug beginnen, wobei wir Ihrer Hilfe entbehren müssen. Es würde mich sehr freuen, wenn Gesundheit und beschleunigter Geschäftsgang Ihnen erlaubten, sich bald wieder mit uns zu vereinigen.

Die Russisch-Deutsche Legion sieht ihrem Erlöschen, und die Offiziere auf jeden Fall am Ende des Krieges einem ungewissen Schicksal entgegen. Könnten Sie nicht für selbige wirken, daß sie vielleicht in die Dienste des neuen Deutschen Reiches träte. Diese Idee kommt nicht von mir, sondern von einem Mitgliede der Legion, aber ich teile sie Ihnen mit, ob selbige Sie vielleicht auf einen Entwurf führte, den armen Verwaisten zu helfen.

Mögen Sie wohl leben und glücklich in der guten Nachricht, die wir Ihnen zu geben hoffen.

Über tredition

Eigenes Buch veröffentlichen

tredition wurde 2006 in Hamburg gegründet und hat seither mehrere tausend Buchtitel veröffentlicht. Autoren veröffentlichen in wenigen leichten Schritten gedruckte Bücher, e-Books und audioBooks. tredition hat das Ziel, die beste und fairste Veröffentlichungsmöglichkeit für Autoren zu bieten.

tredition wurde mit der Erkenntnis gegründet, dass nur etwa jedes 200. bei Verlagen eingereichte Manuskript veröffentlicht wird. Dabei hat jedes Buch seinen Markt, also seine Leser. tredition sorgt dafür, dass für jedes Buch die Leserschaft auch erreicht wird.

Im einzigartigen Literatur-Netzwerk von tredition bieten zahlreiche Literatur-Partner (das sind Lektoren, Übersetzer, Hörbuchsprecher und Illustratoren) ihre Dienstleistung an, um Manuskripte zu verbessern oder die Vielfalt zu erhöhen. Autoren vereinbaren direkt mit den Literatur-Partnern die Konditionen ihrer Zusammenarbeit und partizipieren gemeinsam am Erfolg des Buches.

Das gesamte Verlagsprogramm von tredition ist bei allen stationären Buchhandlungen und Online-Buchhändlern wie z. B. Amazon erhältlich. e-Books stehen bei den führenden Online-Portalen (z. B. iBookstore von Apple oder Kindle von Amazon) zum Verkauf.

Einfach leicht ein Buch veröffentlichen: **www.tredition.de**

Eigene Buchreihe oder eigenen Verlag gründen

Seit 2009 bietet tredition sein Verlagskonzept auch als sogenanntes "White-Label" an. Das bedeutet, dass andere Unternehmen, Institutionen und Personen risikofrei und unkompliziert selbst zum Herausgeber von Büchern und Buchreihen unter eigener Marke werden können. tredition übernimmt dabei das komplette Herstellungs- und Distributionsrisiko.

Zahlreiche Zeitschriften-, Zeitungs- und Buchverlage, Universitäten, Forschungseinrichtungen u.v.m. nutzen diese Dienstleistung von tredition, um unter eigener Marke ohne Risiko Bücher zu verlegen.

Alle Informationen im Internet: **www.tredition.de/fuer-verlage**

tredition wurde mit mehreren Innovationspreisen ausgezeichnet, u. a. mit dem Webfuture Award und dem Innovationspreis der Buch Digitale.

tredition ist Mitglied im Börsenverein des Deutschen Buchhandels.

Dieses Werk elektronisch lesen

Dieses Werk ist Teil der Gutenberg-DE Edition DVD. Diese enthält das komplette Archiv des Projekt Gutenberg-DE. Die DVD ist im Internet erhältlich auf **http://gutenbergshop.abc.de**

FSC
www.fsc.org
MIX
Papier | Fördert
gute Waldnutzung
FSC® C083411

Zeitfracht Medien GmbH
Ferdinand-Jühlke-Straße 7
99095 Erfurt, Deutschland
produktsicherheit@kolibri360.de